汽车前沿技术
科·普·系·列

图说

燃料电池汽车

王志成　顾毅恒　张惠国　编著

U0313959

化学工业出版社

·北京·

内容简介

本书从能源、环境与车辆的关系和新能源汽车的发展历程出发，以通俗的语言和图文并茂的形式系统地介绍了燃料电池技术、燃料电池汽车以及氢能和氢气加注站等方面的基础知识。通过本书，读者可对燃料电池及其在汽车方面的应用有全面的认识。全书力求做到选材新颖、层次分明、重点突出。全书分为 5 章，主要内容包括新能源汽车、燃料电池技术、燃料电池汽车、氢能与氢气加注站，以及燃料电池汽车应用评价与发展前景。

本书可作为高等院校新能源科学与工程及相关专业的参考书目，对从事燃料电池和新能源汽车应用研究的科技工程人员亦有参考价值，同时也可供新能源汽车技术入门者阅读。

图书在版编目（CIP）数据

图说燃料电池汽车 / 王志成，顾毅恒，张惠国编著 . —北京：化学工业出版社，2023.8
（汽车前沿技术科普系列）
ISBN 978-7-122-43535-4

Ⅰ . ①图… Ⅱ . ①王… ②顾… ③张… Ⅲ . ①燃料电池 – 电传动汽车 – 图解 Ⅳ . ① U469.72-64

中国国家版本馆 CIP 数据核字（2023）第 090145 号

责任编辑：张海丽
责任校对：张茜越
文字编辑：张燕文
装帧设计：刘丽华

出版发行：化学工业出版社
　　　　　（北京市东城区青年湖南街 13 号　邮政编码 100011）
印　　装：天津图文方嘉印刷有限公司
710mm×1000mm　1/16　印张 10½　字数 184 千字
2023 年 9 月北京第 1 版第 1 次印刷

购书咨询：010-64518888　　　售后服务：010-64518899
网　　址：http://www.cip.com.cn
凡购买本书，如有缺损质量问题，本社销售中心负责调换。

定　　价：79.80 元　　　　　　　　　版权所有　违者必究

2020年，我国明确提出了2030年实现"碳达峰"与2060年力争实现"碳中和"的目标，加快降低碳排放步伐，持续推进产业结构和能源结构调整，降低煤炭、石油等化石能源消费比例，提高可再生能源、氢能等清洁能源消费比重。由此可见，氢能将在我国"双碳"目标战略中发挥重要作用。

以氢气为能源、真正实现零排放的燃料电池汽车，一直被认为是解决当今交通、能源和环境问题的最佳方案之一，代表着汽车未来的发展方向。近年来，各国政府及国际汽车巨头都不断加大对燃料电池汽车的投入和布局，燃料电池汽车将进入高速发展阶段。

随着氢能技术的不断发展，氢能产业化进程加速推进，我国各地氢能、燃料电池示范推广项目逐步落地，燃料电池公共汽车和货车已经进入大众的生活，氢燃料电池轿车也已经市场化，然而民众对燃料电池汽车的了解却很少。

本书以燃料电池汽车为中心，采用通俗的语言和图文并茂的形式，解说燃料电池与燃料电池汽车的运行方式和特征，车用氢能相关知识，燃料电池汽车与其他新能源汽车的异同之处，以及其发展历程和趋势。希望本书能够加深读者对燃料电池汽车的理解，并对普及燃料电池汽车知识起到推动作用。

全书共5章，主要内容包括新能源汽车、燃料电池技术、燃料电池汽车、氢能与氢气加注站，以及燃料电池汽车应用评价与发展前景。

在本书编写过程中，参考了一些相关资料，在此谨向其作者表示感谢。

本书主要由王志成编写和统稿，顾毅恒负责书中图片的收集和编辑，张惠国负责电机电控部分的编写。

本书得到国家现代产业学院教材立项资助，并受到学院的全力支持，在此致谢。作者水平和知识面有限，不妥之处恳请读者评判指正。

编著者

目 录

第 4 章　氢能与氢气加注站　/ 096

第5章　燃料电池汽车应用评价与发展前景 / 150

第 1 章

新能源汽车

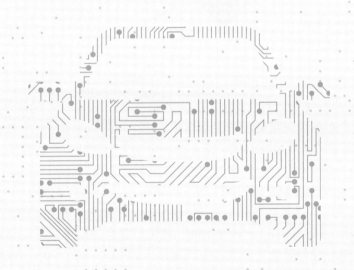

1.1　能源、环境与车辆排放

在过去的一百年里，汽车产业对支撑全球社会经济的发展和人民生活水平的提高都发挥了重要作用。但随着全球汽车保有量的快速增加，车用能源消耗（图1.1）及连带的环境问题逐渐显现，燃油汽车排气污染对生态环境和人类身体健康的危害也日趋严重，受到了各方的关注。

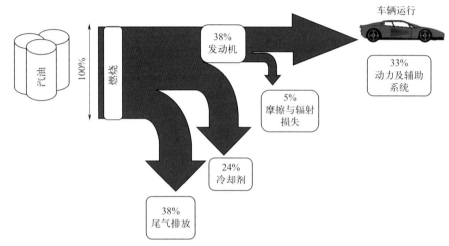

图 1.1　燃油汽车的能量消耗与分配

燃油汽车的内燃机就像一座小型化工厂，消耗大量燃油（主要来源于石油资源），发生了许多复杂的化学反应，产生动力。燃油汽车排放的污染物多达上百种，主要污染物有一氧化碳（CO）、碳氢化合物（HC）、氮氧化物（NO_x）、颗粒物（Particulate Matter，PM）等。机动车尾气是我国主要的空气污染源之一，其中，汽车尾气更是罪魁祸首（图1.2）。机动车排放的二氧化碳（CO_2）、硫化物 SO_x（SO 和 SO_2）、氮氧化物、氟氯烃等会使温室效应、臭氧层破坏和酸雨等大气环境问题变得更为严重；而排出的 CO、NO_x、SO_x、未燃碳氢化合物、颗粒物等污染空气，对人类和动、植物危害甚大，而且其排放主要集中在离地面一米左右的低层空间，处在人的呼吸带附近，对人体健康会产生潜在且持久的危害。

根据公安部交通管理局公布的数据，2020 年全国机动车保有量为 3.72 亿辆，较 2019 年增长 6.9%，其中汽车保有量为 2.81 亿辆。根据相关研究显示，机动车等移动源排放的氮氧化物已经占到排放总量的 60% 左右，挥发性有机

汽车是污染物排放的主要来源，其排放的主要污染物超过机动车排放总量的90%

颗粒物，6.8万吨

氮氧化物，626.3万吨

2020年全国机动车主要污染物排放量

一氧化碳，769.7万吨

碳氢化合物，190.2万吨

图 1.2　2020 年全国机动车主要污染物排放情况

数据来源：生态环境部《中国移动源环境管理年报（2021）》

物占 23% 左右，机动车等移动源已经成为我国大中城市 PM2.5 污染的主要来源之一（图 1.3），且对污染的贡献有不断增加的趋势。

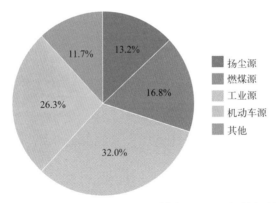

11.7%　13.2%

16.8%

26.3%

32.0%

■ 扬尘源
■ 燃煤源
■ 工业源
■ 机动车源
■ 其他

图 1.3　我国京津冀及周边地区城市 PM2.5 污染源统计

数据来源：国家大气污染防治攻关联合中心，数据统计时间为 2017—2018 年秋冬季

　　汽车工业的发展不仅给社会经济带来了机遇和活力，也为人们的日常出行带来了便利，汽车在改变着我们的生活，但同时也在破坏着我们的环境。能源的过度消耗及环境污染，已成为制约汽车工业甚至人类社会可持续发展的障碍。因此，汽车的节能和环保是目前亟待解决的问题，现阶段研发安全性能高、能耗小、污染低及零排放的新能源汽车，已是当前节能与环保研究的热点和方向，是高新技术应用的重要领域，是汽车工业可持续发展的重要组成部分。

1.2 新能源汽车的发展进程

新能源汽车的发展历史主要体现在电动汽车的发展上，它的发展史甚至比内燃机汽车的历史还要长。世界上第一辆机动车就是1834年诞生的第一辆电动汽车，它比1886年问世的世界上第一辆内燃机汽车要早半个世纪。世界上第一辆电动汽车是美国发明家Thomas Davenport在1834年发明的，这辆电动汽车用一个玻璃封装蓄电池驱动，行驶距离短且不能充电。

1881年，法国工程师Gustave Trouvé将改进型铅酸电池和西门子电动机安装到英国研制的三轮车上，从而诞生了世界上第一辆可载人的可充电电动车。随后几年，有轨电车出现了，首次出现了制动回馈技术，大幅度提高了电动汽车的能量转化效率，并逐步实现规模量产（图1.4）。1899年，比利时人Camille Jenatzy驾驶La Jamais Contente（永不满足）汽车创造了110km/h的速度纪录，成为世界上第一辆时速超过100km/h的电动汽车。

图1.4　1890年制造的可充电电动汽车

从19世纪末到20世纪前期，在欧美等发达国家，汽车已经逐步替代了马车和自行车，电动汽车也变得流行起来，开始了商业化的发展阶段。到1912年，仅美国就有超过34000辆的电动汽车注册，进入了早期电动汽车的全盛时期。随后，由于内燃机汽车的出现并不断发展，电动汽车因价格和续航里程等的限制，逐渐退出市场。20世纪30年代到60年代，电动汽车的发展几乎处于停滞状态，基本上淡出市场。

20 世纪 70 年代，中东石油危机爆发，各国政府开始更加注重能源的安全和能源的替代，寻找新的能源和新的能源载体。电动汽车又开始引起人们的重视，世界各国大量的人力、物力和财力被投入到电动汽车的开发和研究中，为电动汽车后来的飞速发展奠定了基础。

进入 20 世纪 80 年代，能源危机的影响逐渐散去，政府更多地提倡汽车制造商加大内燃机的改进，提高内燃机燃油的利用率以降低排放污染。在这种环境下，电动汽车再次失去了商用化动力，发展又变得缓慢起来，再次走入低谷。

随着工业的高速发展，环境恶化、气候变暖等问题愈发突出。全球范围内，运输业（包括陆地、海洋和空中）的二氧化碳排放量占化石燃料燃烧产生的二氧化碳排放量的 24%。道路车辆的排放量占全球排放总量的 17%。在这些排放中，大约三分之一是由以柴油为动力的重型车辆（如卡车和公共汽车）产生的，三分之二是由以汽油为动力的轻型车辆（如汽车和货车）产生的。

改用新能源汽车可以大大减少全球排放总量，新能源汽车研发又开始活跃起来，进入了又一个更加迅速的发展期。20 世纪 90 年代，出现了可充电锂离子电池，锂离子电池使内燃机汽车转向电动汽车成为可能，同时，为应对气候变化而加强的对传统汽车的监管，进一步推动了传统汽车向新能源汽车的转变。这一阶段以后，汽车向更加节能环保的技术方向发展，开始大量出现了纯电动汽车、混合动力汽车以及以天然气、生物质等为燃料的燃料发动机汽车和氢燃料电池汽车等。

2003 年，两位电动汽车爱好者 Alan Cocconi 和 Tom Gage 制造了一款名为 tzero 的电动跑车（图 1.5），由 6800 个摄像机用电池供电，能够在不到 4 秒的

图 1.5　tzero 电动跑车

时间内完成百公里加速，续航里程为 400 公里。后续特斯拉公司的成立进一步将该技术商业化，推动了纯电动汽车的发展。

混合动力汽车的历史也与其他类型的汽车一样悠久，早期由于内燃机汽车的性能不够稳定，续航里程不能满足需要，电动部分作为辅助动力使用，成为早期的混合动力汽车。由于电机技术和电池技术不够成熟，成本、体积和效率都不理想，因此，在 20 世纪 30 年代以后，混合动力汽车和纯电动汽车逐渐淡出市场。目前的混合动力汽车与早期相比已经有了质的飞跃，混合动力汽车作为一种新能源汽车，有了节能的新概念。

燃料电池的思想最早出现在 1839 年，但是由于当时的技术限制，直到半个世纪以后的 1889 年，C. Langer 和 L. Mond 才设计出第一块具有一定使用价值的燃料电池。之后燃料电池一直处于研发状态，1959 年燃料电池第一次作为一种全新的电力能源系统应用于电动汽车的驱动。自 2014 年以来，以丰田、现代、本田等汽车公司陆续推出商业化的燃料电池汽车为标志，燃料电池汽车技术和产品基本成熟，示范推广不断加速，全球燃料电池汽车迎来产业化发展重要的窗口期，发展呈现全面提速的良好态势。

在近 20 年的时间里，汽车技术正在发生重大变革，一方面，交通运输带来的能源与环境压力逐步增大，呼唤新能源汽车的快速发展；另一方面随着科学技术高速发展，尤其是电子和电池技术的发展，电动汽车的许多技术难点逐一得到解决，新能源汽车技术逐步成熟，世界各大汽车制造商纷纷推出了各自的电动汽车产品。汽车生产商在积极涉足电动汽车领域的同时，一些电力公司和电池生产商也在起着积极的推动作用。同时，各国政府充分重视电动汽车相关领域基础设施建设，加大了对使用电动汽车的鼓励和补助，进一步加强了汽车生产商对于以电动汽车为主的新能源汽车的信心。另外，各研究机构和高校也在不断地研究新能源汽车的新技术，提升电池及电机等核心部件的性能。

1.3 形形色色的新能源汽车

新能源汽车（New Energy Vehicles, NEV）是指采用非常规的车用燃料作为动力来源，采用新型动力系统，完全或主要依靠新型能源驱动的汽车。其综合了车辆的动力控制和驱动方面的先进技术，具有较新的结构。

广义来说，采用非常规能源的汽车都可称为新能源汽车，新能源汽车包括纯电动汽车、混合动力汽车、燃料电池汽车、其他新能源汽车等。混合动力汽车包括增程式电动汽车、插电式混合动力汽车等；其他新能源汽车包括使用超级电容器、飞轮等高效储能器的汽车，也包括氢发动机汽车、太阳能汽车，以及使用天然气、甲醇、乙醇等的汽车等。新能源汽车的一个主要特征就是汽车的电动化程度，依据电动化程度的不同，可将电动汽车分为五类（图1.6），即混合动力汽车（弱混合动力汽车、中度混合动力汽车和强混合动力汽车）、插电式混合动力汽车、增程式电动汽车、纯电动汽车和燃料电池汽车。

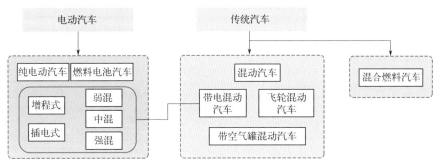

图 1.6　汽车的主要类型

目前市场上主流的新能源汽车主要是电动汽车，包括纯电动汽车、插电式混合动力汽车及燃料电池汽车。这三类汽车被称为中国新能源汽车发展的"三驾马车"，它们的优缺点见表1.1。这些类型新能源汽车有着共同的电驱动特征。纯电动汽车（Blade Electric Vehicle, BEV）是以车载电源为动力，用电机驱动车轮行驶，符合道路交通、安全法规各项要求的车辆，相对燃油汽车而言，主要差别在于驱动电机、调速控制器、动力电池等方面。插电式混合动力汽车（Plug-in Hybrid Electric Vehicle, PHEV）以电机和发动机综合输出动力，而且支持外接电源充电，可以纯电模式行驶，电池电量耗尽后再以混合动力模式（以内燃机为主）行驶，并适时向电池充电，既能实现相对长距离的纯电动行驶，又可以不受电池电量和充电桩的限制，以极低的油耗实现混合动力行驶。在充电基础设施尚不普及、电动汽车电池技术仍不完善的背景下，插电式混合动力技术目前有着较大的市场。燃料电池汽车（Fuel Cell Vehicle, FCV）则是一种采用车载燃料电池装置产生的电力作为动力的电动汽车。从动力来源上讲，BEV 所用的电力来自依靠电网充电的蓄电池，而 FCV 使用的电力来自车载燃料电池装置，除此之外，两者的结构有很大的相似性。

下面简要介绍纯电动汽车、插电式混合动力汽车、燃料电池汽车的总体结构及其差别。

表 1.1　不同类型新能源汽车的优缺点对比

车型	优点	缺点
纯电动汽车	零排放，无污染，高能效	充电时间长，续航里程较短，电池成本高，废弃电池存在污染
插电式混合动力汽车	内燃机的存在确保了续航里程，提高了燃料的经济性	由于内燃机的存在，依然会有碳排放，污染环境
燃料电池汽车	零排放，无污染，续航里程可与内燃机汽车媲美，加注氢气时间短	燃料电池昂贵，导致整车成本高，加氢站等基础设施不完善，制氢成本较高，还会产生污染

1.3.1　纯电动汽车

　　纯电动汽车采用电机驱动，由较大的动力电池完成驱动。动力电池可以由充电桩或者充电插座进行充电。因为完全依靠电力供能，纯电动汽车没有尾气排放，也不包含液态燃料相关组件，如燃油泵、燃油管路以及燃油箱等。图 1.7 所示为纯电动汽车的结构，其关键部件如下。

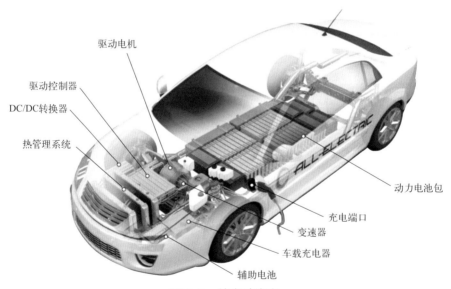

图 1.7　纯电动汽车

　　充电端口（Charge Port）：连接外部电源给动力电池包充电。
　　车载充电器（Onboard Charger）：将输入的交流电变换为直流电，为动力电池包充电；同时在充电时监测电池的特性，如电压、电流、温度和充电状态等。

动力电池包（Traction Battery Pack）：储存和回收电能供驱动电机使用。

驱动电机（Drive Motor）：通过逆变器将动力电池包的电能转换为车轮的驱动力，也可在制动时将汽车动能转换为电能后回收储存到动力电池包。

驱动控制器（Drive Controller）：控制动力电池包的能量输出从而控制电机的速度、转矩等。

变速器（Transmission）：传输并转换电机动力以驱动车轮。

DC/DC 转换器（DC/DC Converter）：将动力电池包的高电压变换为低电压，为辅助电子设备供电以及为辅助电池充电。

辅助电池（Auxiliary Battery）：为汽车辅助设备供电。

热管理系统（Thermal System）：对整车进行热管理，将电机、电池等各部件的温度控制在正常的工作温度范围内。

1.3.2　插电式混合动力汽车

插电式混合动力汽车同时使用电机和发动机驱动汽车，电机由动力电池驱动，内燃发动机（简称内燃机）通常采用汽油驱动，具有汽油加注口以及充电插座。车辆通常采用电力驱动，当电能消耗到一定程度时，便自动切换到内燃发动机驱动。图 1.8 所示为插电式混合动力汽车的结构，其关键部件如下。

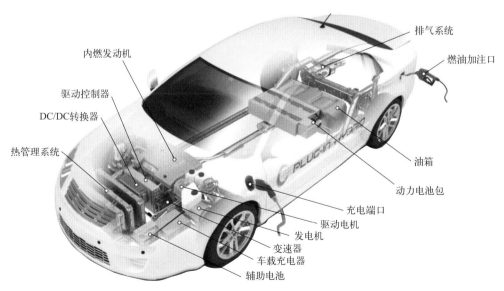

图 1.8　插电式混合动力汽车

燃油加注口（Fuel Filler）：加油时油枪的接入位置。

油箱（Fuel Tank）：存放燃油，随时供给发动机。

排气系统（Exhaust System）：发动机排出的废气将通过排气管排出，排气管中安装了三元催化装置，用于减少有害气体的排放。

内燃发动机（Internal Combustion Engine）：给发电机提供动力。

发电机（Generator）：将发动机的机械能转化为电能。

充电端口（Charge Port）：连接外部电源给动力电池包充电。

车载充电器（Onboard Charger）：将输入的交流电变换为直流电，为动力电池包充电；同时在充电时监测电池的特性，如电压、电流、温度和充电状态等。

动力电池包（Traction Battery Pack）：储存和回收电能供驱动电机使用。

驱动电机（Drive Motor）：通过逆变器将动力电池包的电能转换为车轮的驱动力，也可在制动时将汽车动能转换为电能后回收储存到动力电池包。

驱动控制器（Drive Controller）：控制动力电池包的能量输出从而控制电机的速度、转矩等。

变速器（Transmission）：传输并转换电机动力以驱动车轮。

DC/DC 转换器（DC/DC Converter）：将动力电池包的高电压变换为低电压，为辅助电子设备供电以及为辅助电池充电。

辅助电池（Auxiliary Battery）：为汽车辅助设备供电。

热管理系统（Thermal System）：对整车进行热管理，将发动机、电机、电池等各部件的温度控制在正常的工作温度范围内。

1.3.3 燃料电池汽车

燃料电池汽车是一种用车载燃料电池装置产生的电力作为动力的汽车。燃料电池装置所使用的燃料为氢气，其在催化剂作用下经化学反应产生电能。与通常的电动汽车相比，其动力方面的不同在于燃料电池汽车用的电力主要来源于车载燃料电池装置，电动汽车所用的电力来自由电网充电的蓄电池。燃料电池汽车同时也包含动力蓄电池，一辆车中燃料电池和蓄电池的容量比例组合是经过精心设计的。工作时，蓄电池主要完成制动时的能量回收，在加速时按需提供额外的电能，以及在低能耗运行时关闭燃料电池以优化功率输出。图1.9所示为燃料电池汽车的结构，其关键部件如下。

燃料加注口（Fuel Filler）：加注氢燃料时，燃料枪的接入位置。

氢燃料箱（Hydrogen Fuel Tank）：存放氢燃料，随时供给发动机。

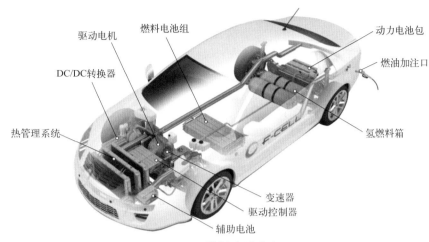

图 1.9　燃料电池汽车

燃料电池组（Fuel Cell Stack）：氢气和氧气在独立的膜电极组合下反应产生电力。

动力电池包（Traction Battery Pack）：储存和回收电能供驱动电机使用。

驱动电机（Drive Motor）：通过逆变器将燃料电池组和动力电池包的电能转换为车轮的驱动力，也可在制动时将汽车动能转换为电能后回收储存到动力电池包。

驱动控制器（Drive Controller）：控制动力电池包的能量输出从而控制电机的速度、转矩等。

变速器（Transmission）：传输并转换电机动力以驱动车轮。

DC/DC 转换器（DC/DC Converter）：将动力电池包的高电压变换为低电压，为辅助电子设备供电以及为辅助电池充电。

辅助电池（Auxiliary Battery）：为汽车辅助设备供电。

热管理系统（Thermal System）：对整车进行热管理，将电池、电机、控制器等各部件的温度控制在正常的工作温度范围内。

1.4　一种实现可持续发展的重要解决方案——燃料电池汽车

目前，世界上许多国家和地区已经相继出台了禁售燃油车时间表（表 1.2）。作为全球第二高汽车保有量的中国也在研究和制定相关政策，据我国石油消费总量控制和政策研究项目组对外公开发布的《中国传统燃油车退出时间表研究》报告显示：我国将在 2025 年引导公务车退出燃油市场，主要以纯电动和混合动力车型替代；2025 至 2030 年间，在中大型城市及功能性特色区域启动强制性退出机制；2035 年扩展至东部发达地区，2040 年前后可引导在全国范围内全面退出；于 2050 年完成实施。

表 1.2　世界上明确燃油车禁售计划的国家和地区汇总表

禁售时间	禁售国家和地区	禁售范围
2024 年	意大利罗马	柴油车
2025 年	法国巴黎、西班牙马德里、希腊雅典、墨西哥	柴油车
	挪威	汽油 / 柴油车
2029 年	美国加利福尼亚州	燃油公交车
2030 年	中国海南、中国台湾、英国、印度、爱尔兰、丹麦、冰岛、斯洛文尼亚、瑞典	汽油 / 柴油车
	德国	内燃机车
	荷兰	汽油 / 柴油乘用车
	日本东京	汽油车
	以色列	进口汽油 / 柴油乘用车
2032 年	英国苏格兰	汽油 / 柴油车
2035 年	日本、加拿大魁北克省	汽油乘用车
2040 年	法国、西班牙、加拿大不列颠哥伦比亚省	汽油 / 柴油车

在当前汽车电动化发展的浪潮中，随着纯电动汽车的充电速度慢，电池更换成本高，续航里程短等缺点的逐步显现，凭借高效率、零排放、低噪声以及在中长距离输运方面的优势（图 1.10），燃料电池汽车已成为实现能源结构变革、节能减排以及汽车产业升级的重要工具，并将成为世界各国社会和经济可持续发展的重要解决方案。

在过去的几年里，全球主要国家陆续把发展氢能提升到国家经济和能源发展战略的重要位置。相关国家已就氢经济发展路线图进行规划，构建便利可靠的氢能供应体系及完善的应用市场，为大规模发展氢经济提供战略支撑，氢能产业的商业化步伐也不断加快。根据国际能源署（International Energy Agency，IEA）的研究报告预测，到 2050 年，氢将能够满足全球 18% 的终端能源需求。

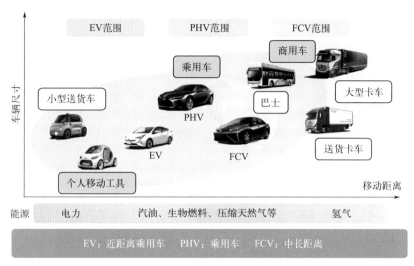

EV范围　　　PHV范围　　　FCV范围

商用车

乘用车

小型送货车

大型卡车

巴士

PHV

送货卡车

EV

FCV

个人移动工具

移动距离

车辆尺寸

能源　　电力　　　汽油、生物燃料、压缩天然气等　　　氢气

EV：近距离乘用车　　PHV：乘用车　　FCV：中长距离

图 1.10　不同类型新能源汽车的使用范围

　　我国在"碳达峰""碳中和"目标的指引下，氢能迎来新的机遇。氢能作为清洁零碳的二次能源，在未来能源变革中占有重要地位，发展氢能已经成为国际上的共识，对我国实现"双碳"目标具有重要意义。2021 年，我国交通领域碳排放约占碳排放总量的 10%，其中公路运输年均排放 10 亿吨二氧化碳，占交通行业排放总量的 85% 左右，而目前看来，燃料电池在新能源汽车领域是解决长距离、重负荷的唯一方案。大力推广燃料电池商用车，以商用车领域的推广应用进一步带动乘用车领域的规模化应用，是我国发展燃料电池汽车的理想选择，也是实现"双碳"目标的可靠之路。

第 **2** 章

燃料电池技术

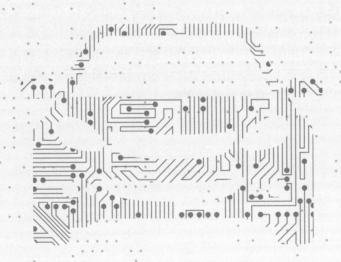

2.1 燃料电池的结构原理与特性

　　燃料电池（Fuel Cell，FC）是一种将燃料和氧化剂的化学能直接转换成电能的电化学反应装置。单节燃料电池由阳极、阴极和电解质隔膜构成。燃料在阳极氧化，氧化剂在阴极还原，从而完成整个电化学反应。电解质隔膜的功能为分隔燃料和氧化剂，并起到离子传导的作用。在阳极一侧持续通以燃料气，如氢气、甲烷、煤气等，在阴极一侧通入氧气或空气，通过电解质离子传导，在阴极和阳极发生电子转移，即在两极之间产生电势差，从而形成一个电池。连接两极，在外电路中形成电流，便可带动负载工作。图 2.1 为不同类型燃料电池的工作原理。

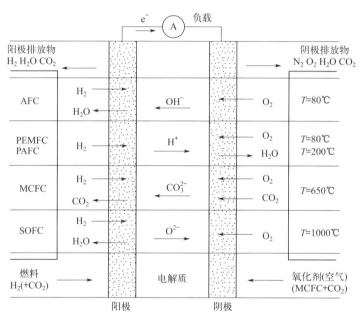

图 2.1　不同类型燃料电池的工作原理

AFC—碱性燃料电池；PEMFC—质子交换膜燃料电池；PAFC—磷酸燃料电池；MCFC—熔融碳酸盐燃料电池；SOFC—固体氧化物燃料电池

　　效率是衡量任何能量转换装置的一个非常重要的指标。对于燃料电池而言，由于燃料电池是将燃料的化学能经电化学反应直接转化为电能，不受卡诺（Carnot）极限效率的限制，因此，如果燃料电池在可逆情况下运行，其理想效率可以达到 100%，即在可逆条件下，所有的吉布斯（Gibbs）自由能都将转化

为电能。对任一燃料电池，热力学效率（可逆效率，理想效率）η_{id} 为

$$\eta_{id} = \frac{\Delta G}{\Delta H} = 1 - T\frac{\Delta S}{\Delta H} \tag{2.1}$$

式中，ΔG 为吉布斯自由能；ΔS 为熵变；ΔH 为焓变；T 为温度。

由此可见，在可逆条件下，燃料电池的热力学效率与其熵变的大小和符号有关，可能会出现效率大于、等于或小于 100% 的情况。熵是表征体系混乱度的状态函数，一般来说，体系物质的量越大，体系越大，则混乱度越大，对于燃料电池而言，经过电化学反应后体系的 $\Delta S < 0$，其效率小于 100%。但也有例外，如碳的氧化反应。表 2.1 列出了燃料电池中发生的典型反应在 298K（25℃）、0.1MPa 下的热力学数据。

表 2.1 典型燃料电池反应的热力学数据（298K、0.1MPa）

燃料电池反应	ΔH/(kJ/mol)	ΔS/(J/mol)	ΔG/(kJ/mol)	n	E/V	η_{id}/%
$H_2 + \frac{1}{2}O_2 \longrightarrow H_2O(l)$	−285.1	−163.2	−237.2	2	1.23	83
$CH_4 + 2O_2 \longrightarrow CO_2 + 2H_2O(g)$	−802.4	−4.8	−800.9	8	1.04	100
$CH_3OH + \frac{3}{2}O_2 \longrightarrow CO_2 + 2H_2O(l)$	−726.8	−81.2	−702.6	6	1.21	97
$CO + \frac{1}{2}O_2 \longrightarrow CO_2$	−282.9	−86.6	−257.1	2	1.33	91
$C(s) + \frac{1}{2}O_2 \longrightarrow CO$	−110.5	89.5	−137.3	2	0.71	124
$C(s) + O_2 \longrightarrow CO_2$	−393.5	2.9	−394.4	4	1.02	100

注：n 为反应过程中电子转移数量；E 为燃料电池的理想电动势。

然而燃料电池的实际运行并非在理想的可逆条件下，使得燃料电池的实际效率总是要低于其可逆效率，这主要是由电压损失与燃料利用不完全导致的，因此燃料电池的实际效率（η_{real}）可以表示为

$$\eta_{real} = \eta_{id}\eta_{voltage}\eta_{fuel} \tag{2.2}$$

式中，$\eta_{voltage}$ 为燃料电池的电压效率；η_{fuel} 为燃料的利用率。

燃料电池的电压效率 $\eta_{voltage}$ 主要表现为燃料电池在不可逆动力学影响下所引起的损失导致的效率下降。使燃料电池在可逆条件下运行的首要条件是电池的输出电流无穷小，这显然是不可能的，因此燃料电池的输出电压要低于其理论电势，这部分电压损失使其实际工作效率有所下降。

燃料利用率 η_{fuel} 是指完全参与电化学反应的燃料占供给电池的燃料的比例，因为在燃料电池实际运行时，或多或少会有部分燃料参与副反应，还有部分燃料流经电池电极而未参与电化学反应，随尾气排出燃料电池系统。因此，燃料电池的实际效率与发生在电池内部的电化学反应、导电性以及燃料的质量传输都有关系。

燃料电池的单电池的理论电压为 1.229V（25℃，1atm❶ 下），但正常使用过程中，一般为 0.6 ~ 0.8V，说明燃料电池运行时也存在着损耗，即通常所说的极化。燃料电池的极化主要包括活化极化、欧姆极化和浓差极化。活化极化损失是指在电化学反应中维持反应正常进行，驱动电子 / 质子定向运动而消耗的能量，它的大小与电流相关，电流越大，活化极化损失越大。欧姆极化则相当于燃料电池的内阻，欧姆极化损失（欧姆阻抗损失）同样与电流成正相关。浓差极化主要发生在大电流工作状态下，此状态下，电化学反应速率极快，电极处反应物迅速消耗，氢气、氧气得不到及时补充，压力下降，即反应物出现浓度差，产生浓差极化损失（质量传输损失）。这三种损失均可通过电压降的形式表示，实际燃料电池的工作电压为

$$U_{cell} = E_{nernst} - U_{act} - U_{ohm} - U_{conc} \tag{2.3}$$

式中，U_{cell} 为燃料电池的实际工作电压；U_{nernst} 为燃料电池的理论电压；U_{act} 为活化极化导致的电压降；U_{ohm} 为欧姆极化导致的电压降；U_{conc} 为浓差极化导致的电压降。

图 2.2 所示为典型的燃料电池极化曲线。可以看出，燃料电池的三种极化都与电流密度相关，在低电流密度阶段活化极化是主要影响因素，中电流密度时欧姆极化占主流，此时燃料电池的极化曲线基本成一直线，而高电流密度时主要的影响因素又变成了浓差极化。可以看到，低电流密度和高电流密度时，输出电压变化较大，因此，正常使用时，应尽量使用中间段，即 0.6 ~ 0.8V 段。

燃料电池的工作原理使其具备了其他发电装置和供电设备不可比拟的特性和优点。

❶ 高转化效率。由于燃料电池的原理系由化学能直接转化为电能，它不通过热机过程，不受卡诺循环的限制，现今利用碳氢燃料的发电系统电能的转化效率可达 40% ~ 50%，直接使用氢气的系统效率更可超过 50%，目前各类燃料电池的能量转化效率均为 40% ~ 60%，如图 2.3 所示。对于高温燃料电池，若实现热电联供，则燃料的能量利用率可超过 80%。

---

❶ 标准大气压，1atm=101325Pa。

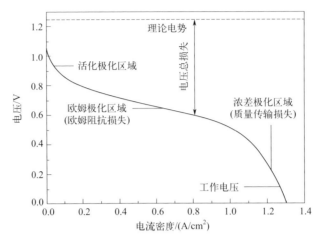

图 2.2　典型的燃料电池极化曲线

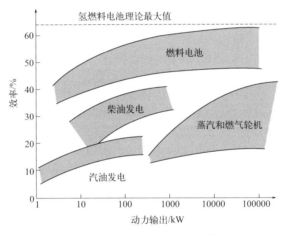

图 2.3　不同发电系统的能量转化效率比较

❷ 环境友好。燃料电池以纯氢为燃料时，其化学反应产物仅为水，可从根本上消除氮氧化物、硫氧化物及碳氧化物等导致环境污染和温室效应的有害气体排放。当以矿物燃料制取的富氢气体为燃料时，由于燃料电池的高转化效率，其二氧化碳的排放量比热机过程减少 40%。此外，由于燃料电池运动部件很少，工作时安静，噪声很小。

❸ 燃料多样性。燃料电池虽然以氢气为主要燃料，但配备燃料重整装置的电池系统可以从碳氢化合物或醇类燃料中制备出氢气来利用。例如，垃圾填埋场、废水处理厂中厌氧微生物分解产生的沼气也是燃料的一大来源，而一些

燃料电池如 MCFC（熔融碳酸盐燃料电池）和 SOFC（固体氧化物燃料电池）可以直接利用天然气和低分子的碳氢气体作为燃料。此外，利用自然界的太阳能及风力等可再生能源提供的电力，可用来将水电解产生氢气，再供给燃料电池，如此亦可将水作为未经转化的燃料，实现完全零排放的能源系统。图 2.4 所示为日本本田公司于 2012 年在埼玉县建立的首座太阳能制氢的氢气加注站。

图 2.4　本田公司在埼玉县建立的采用太阳能制氢的氢气加注站

❹ 可靠性高。与内燃机相比，燃料电池的转动部件很少，因而系统更加安全可靠。目前，在世界各地连续运行的 AFC（碱性燃料电池）和 PAFC（磷酸燃料电池）等均证明燃料电池的运行高度可靠，可以作为应急电源或不间断电源使用。

❺ 组装简单灵活。燃料电池的制造一般采用模块结构，因此它可以像常规电池一样通过多个模块串联或并联的组合方式向外供电，并根据用途和容量进行调节。

2.2　燃料电池的类型

迄今已研发出多种类型的燃料电池，燃料电池可以从工作原理、使用燃料、工作温度以及电解质种类等方面进行分类。根据燃料电池工作原理的不同可分为酸性燃料电池和碱性燃料电池；根据使用燃料的不同可分为氢燃料电池和碳氢燃料电池；根据工作温度的不同又可分为低温燃料电池（工作温度低于100℃）、中温燃料电池（工作温度为 100 ～ 300℃）和高温燃料电池（工作温度高于600℃）；根据电解质种类的不同可分为碱性燃料电池（Alkaline Fuel Cell，AFC，一般以氢氧化钾为电解质）、磷酸燃料电池（Phosphoric Acid Fuel Cell，PAFC）、熔融碳酸盐燃料电池（Molten Carbonate Fuel Cell，MCFC）、固体氧化物燃料电池（Solid Oxide Fuel Cell，SOFC）、质子交换膜燃料电池（Proton Exchange Membrane Fuel Cell，PEMFC）以及直接以甲醇为燃料的质子交换膜燃料电池，通常称为直接甲醇燃料电池（Direct Methanol Fuel Cell，DMFC），这也是目前最常用的燃料电池分类方法。

2.2.1 质子交换膜燃料电池

2.2.1.1 PEMFC的组成与工作原理

质子交换膜燃料电池（PEMFC）是目前发展最快的燃料电池，它的发展时间较短，但已经在交通运输领域得到了应用。PEMFC单电池主要由质子交换膜、电极（阳极和阴极）和双极板组成，如图2.5所示。质子交换膜、阳极和阴

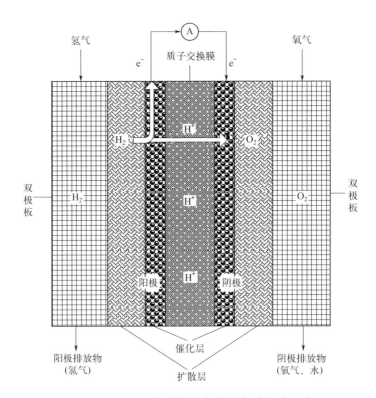

图2.5　质子交换膜燃料电池单电池组成示意

极热压到一起，组成电极 - 膜 - 电极"三合一"组件，即膜电极装置（Membrane-Electrode-Assembly，MEA），它是 PEMFC 的核心组件。质子交换膜是一种选择性渗透膜，为氢离子的传导提供通道的同时阻断了两极的燃料气体和氧化剂气体。质子交换膜两侧是阳极和阴极两个气体电极，包括催化层和扩散层。与膜电极紧密接触的是双极板，双极板是带有气体流动通道的石墨或表面改性的金属板。

PEMFC 属于低温燃料电池，工作温度一般为 40 ~ 80℃，PEMFC 中的电极反应类同于其他酸性电解质燃料电池。其工作原理是氢气和氧气通过双极板上的流场分别到达阳极和阴极，反应气通过电极上的扩散层到达与质子交换膜紧密接触的催化层，在膜的阳极一侧，阳极催化层中的氢气在催化剂作用下发生电极反应，氢气被解离成氢离子（质子）和电子。

阳极反应 $\qquad H_2 \xrightarrow{\text{催化剂}} 2H^+ + 2e^-$

阳极反应产生的电子经外电路到达阴极，氢离子则经质子交换膜到达阴极。氧气与氢离子及电子在阴极发生反应生成水。生成的水不稀释电解质，而是通过电极随反应尾气排出。

阴极反应 $\qquad \dfrac{1}{2}O_2 + 2H^+ + 2e^- \xrightarrow{\text{催化剂}} H_2O$

总反应 $\qquad H_2 + \dfrac{1}{2}O_2 \longrightarrow H_2O$

2.2.1.2 PEMFC 的主要部件

（1）质子交换膜

质子交换膜是 PEMFC 的关键部件之一，直接影响电池的性能与寿命。质子交换膜是一种选择透过性多孔膜，为氢离子提供通道的同时，隔离两极的燃料气体和氧化气体。用于质子交换膜的材料至少应满足以下要求：良好的离子导电性，即具有较高的 H^+ 传导能力；在 PEMFC 运行条件下，膜结构与树脂组成保持不变，即具有良好的化学和电化学稳定性；具有低的反应气体渗透性，保证燃料电池具有高的法拉第效率；具有一定的机械强度和结构强度，以最大限度地防止质子交换膜在张力作用下变形，膜的表面性质适合与电极的催化层结合。

PEMFC 曾采用过酚醛树脂磺酸膜、聚苯乙烯磺酸膜、聚三氟乙烯磺酸膜和全氟磺酸膜等。全氟磺酸膜具有很高的质子电导率和极高的化学稳定性，即使在强电化学氧化还原条件下也不会发生明显的变化，是目前最常用的

PEMFC 电解质，并已实现了产品的商业化。

全氟磺酸质子交换膜作为一种新型的固体电解质，其原始单体是最简单的化合物——乙烯（CH_2=CH_2），四个氢原子被全氟取代后成为四氟乙烯，聚合得到聚四氟乙烯（PTFE），随之将 PTFE 结构磺化，也就是增加一个末端磺酸基团—HSO_3 的侧链，成为全氟聚乙烯磺酸膜（PEM），亦即全氟磺酸质子交换膜。其化学结构式如图 2.6 所示。

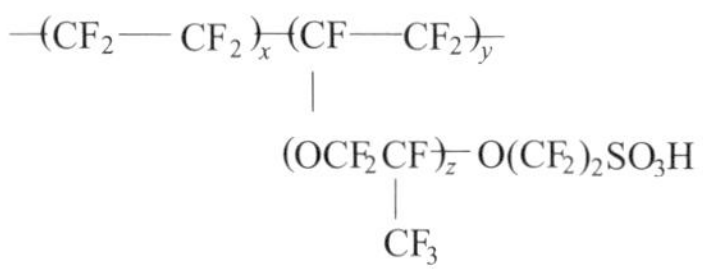

$$-(CF_2 —— CF_2)_x (CF —— CF_2)_y$$
$$(OCF_2 CF)_z O(CF_2)_2 SO_3H$$
$$CF_3$$

图 2.6 全氟磺酸质子交换膜的化学结构式

目前使用的全氟磺酸质子交换膜主要是 DuPont 公司的全氟磺酸质子交换膜，即 Nafion 膜。此外，美国 Dow 化学公司也开发了全氟磺酸质子交换膜——Dow 膜。全氟磺酸质子交换膜的等效质量（等效重量，Equivalent Weight，EW）表示 1mol 磺酸基团的树脂质量（摩尔质量），EW 值越小，树脂的电导率越大，但膜的强度越低。膜的酸度通常以树脂的 EW 值表示，也可用交换容量（IEC，每克树脂中含磺酸基团的物质的量）表示，EW 和 IEC 互为倒数。通过调整 x、y、z 的值可以改变 EW 的值，见表 2.2。

表 2.2 不同种类全氟磺酸质子交换膜的化学结构与摩尔质量

种类	化学结构	摩尔质量／（g/mol）
Nafion 膜	x=6～10，y=z=1	1100
Dow 膜	x=3～10，y=1，z=0	800～850

全氟磺酸质子交换膜的质子传导机理是目前大家公认的离子簇网络模型。该模型认为离子交换膜由高分子母体（即疏水的碳氟主链区）、离子簇和离子簇之间形成的网络结构构成。质子在全氟磺酸膜中传导时，往往是以水合质子的形式进行的，如图 2.7 所示。

水在膜中起着至关重要的作用，质子在膜中的传导率与膜的含水率呈线性关系。当相对湿度小于 35% 时，膜的电导率显著下降，而在相对湿度小于 15% 时，Nafion 膜几乎成为绝缘体。膜的含水率与温度呈非线性关系，因此质子在膜中的传导率随温度的变化也是非线性的。全氟磺酸膜在低湿度或高温度条件下会因缺水而导致电导率降低，因此，需要加强质子交换膜水的管理或开

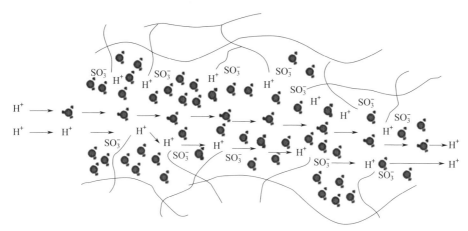

图 2.7　质子在全氟磺酸膜中传导示意

发新型质子交换膜。

（2）电极

PEMFC 的电极均为气体扩散电极，如图 2.8 所示，它至少由气体扩散层和催化层构成。气体扩散层不仅起支撑催化层的作用，其更重要的是起着扩散气体和水、传导电流和传输热量等作用。催化层是发生电化学反应的场所，同时也是电子、水、质子和热的生成与传输的地方。

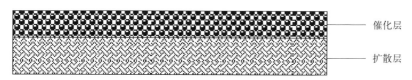

催化层

扩散层

图 2.8　电极结构示意

扩散层（气体扩散层，Gas Diffusion Layer，GDL）首先起支撑催化层的作用，为此要求扩散层适于担载催化层，扩散层比催化层的接触电阻要小。催化层的主要成分为 Pt/C（碳载铂）电催化剂，故扩散层一般选用炭材制备。在电池组装时，扩散层与双极板流场接触，根据流场结构不同，对扩散层的强度要求存在一定差异。反应气要经扩散层才能到达催化层参与电化学反应，因此，扩散层应具备高孔隙率和适宜的孔分布，以利于传质。同时，阳极扩散层收集燃料电化学氧化产生的电流，阴极扩散层为氧的电化学还原反应输送电子，即扩散层应是电的良导体。因为 PEMFC 工作电流密度高达 1A/cm²，扩散层的电阻应在 $m\Omega \cdot cm^2$ 的数量级。PEMFC 效率一般在 50% 左右，极化主要在阴极，因此，扩散层尤其是氧电极的扩散层应是热的良导体，使产生的热量能够及时输出。另外，为了能使 PEMFC 长期稳定运行，扩散层的材料与结构应在工作条件下保持稳定。

扩散层的上述功能采用石墨化的炭纸或炭布是可以达到的，图 2.9 所示为典型的炭纸和炭布的扫描电子显微镜（SEM）照片。PEMFC 扩散层要同时满足反应气与产物水的传递，并具有高的极限电流，这是扩散层制备的关键技术难题。原则上，扩散层越薄越有利于传质和减小电阻，但考虑对催化层的支撑与强度的要求，一般其厚度选在 $100 \sim 300\mu m$。此外，为在扩散层内生成两种通道——憎水的反应气体通道和亲水的液态水传递通道，需要对作为扩散层的炭纸或炭布用 PTFE 乳液进行憎水处理。

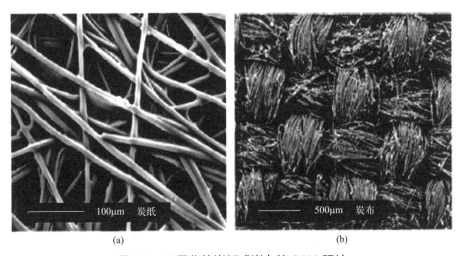

图 2.9　石墨化的炭纸或炭布的 SEM 照片

催化层（催化剂层，Catalyst Layer，CL）是质子交换膜燃料电池电极中发生电化学反应的场所，必须同时具备质子、电子、反应气体的连续传输通道。反应产物水的及时排除也是保证反应顺利进行的必要因素。通常反应区的电子传导通道由导电性的催化剂（如 Pt/C）来实现。质子传导通道由电解质（离子交换树脂，如 Nafion）构建。反应气体和产物水的传递通道由各组成材料间形成的多孔结构来实现。通常将催化剂 / 反应气体 / 电解质的交界处称为三相反应区（图 2.10）。目前，电极结构的研究主要集中在：有效构筑三相反应区，提高催化剂的利用率，减小活化极化损失；有效构建电极的三维多孔网络结构，提高反应气体和反应产物的传输能力，减小浓差极化损失。

电极的性能不仅依赖于电催化剂的活性，还与电极内各组分的配比、电极的孔分布和孔隙率、电极的导电性等因素有关，而电极的性能与电极制备工艺密切相关。针对不同的应用环境（包括电流密度、燃料及氧化剂种类、压力、

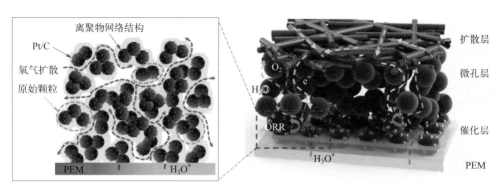

图 2.10　PEMFC 阴极三相反应区示意

流量等）和阴、阳极气体组分，催化层可分为憎水催化层、亲水催化层、复合催化层以及超薄催化层。

PEMFC 的工作温度一般在 100℃ 以下，因此一直以铂作为首选催化剂，同时为了提高铂的利用率，将高分散度的纳米级 Pt 颗粒均匀地担载到导电、耐腐蚀的乙炔炭黑上，制成担载型催化剂，图 2.11 所示为典型的担载型 Pt/C 催化剂的透射电子显微镜（TEM）照片和 Pt 粒度分布图，纳米级 Pt 颗粒的平均粒径在 2.5nm 左右。

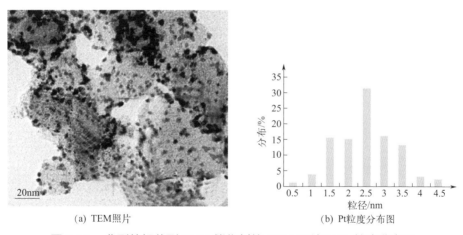

(a) TEM 照片　　　　　　　　(b) Pt 粒度分布图

图 2.11　典型的担载型 Pt/C 催化剂的 TEM 照片和 Pt 粒度分布图

对于阳极而言，氢气是 PEMFC 的最佳燃料，Pt/C 作为目前活性最佳的氢氧化反应的催化剂而得到广泛应用。但当以各种烃类或醇类的重整气作为 PEMFC 的燃料时，重整气中含有一定浓度的 CO，会导致铂催化剂中毒，因此，抗 CO 电催化剂是 PEMFC 阳极催化剂研究的重点，目前主要集中于 Pt-M

（M 表示贵金属或过渡金属）二元或多元组分合金催化剂。对于阴极而言，主要是选择能够快速催化氧还原的催化剂。目前，高分散度的 Pt/C 催化剂依然是 PEMFC 阴极主要的活性物质，然而氧气在铂催化剂表面的还原速率要远小于氢气在铂催化剂表面的氧化速率，因此，为了获得更高催化活性的氧还原反应催化剂，Pt-M 合金催化剂是有效的途径。此外，为了降低 PEMFC 的成本，一些不含铂的催化剂，如过渡金属、碳氮化合物、过渡金属大环化合物以及过渡金属氧化物等，也是阴极催化剂研究的重点。

（3）双极板

双极板（Bipolar Plate, BP）又称集流板，是 PEMFC 的重要组成部分，也是影响电池成本的因素之一，其在燃料电池中起到了分配气体、导电、导热、排水和密封等重要作用。因此，其性能参数在很大程度上影响着电池的性能，美国 DOE（美国能源部）针对双极板给出了明确的性能指标，见表 2.3。

表 2.3 双极板性能指标

性能参数	DOE 指标
电导率	$> 100S/cm$
腐蚀电流	$< 16mA/cm^2$
接触电阻	$< 30m\Omega/cm^2$
质量功率密度	$< 1kW/kg$
热稳定范围	$-40 \sim 120℃$
热传导系数	$> 10W/(m^2 \cdot K)$
透气率	$< 2 \times 10^{-6} cm^3/(s \cdot cm^2)$
冲击吸收能	$> 40.5J/cm^2$
弯曲强度	$\geqslant 25MPa$
抗拉强度	$\geqslant 41MPa$
肖氏硬度	$> 48HS$
成本	< 10 美元 /kW

目前 PEMFC 中采用较多的是石墨双极板，其制作方法是将石墨或者炭粉与可石墨化树脂均匀混合后加压成型，然后在高温还原或真空条件下进行石墨化，最后将石墨板浸渍封孔后，用数控铣床或精雕机在其上加工出流场。图 2.12 所示为较常见的石墨双极板。其优点是耐腐蚀性强，导电导热性能好，缺点是

强度低、脆性大，不易加工成超薄双极板，目前采用的石墨双极板厚度大多在0.3mm 以上，而且石墨双极板的体积功率密度和质量功率密度相对较低。

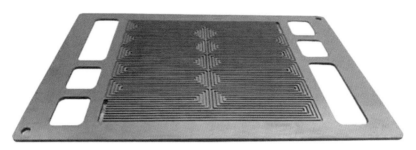

图 2.12　石墨双极板

金属双极板的导电性和导热性都非常好，致密且易于加工，其不足之处在于密度大（质量大）、容易被腐蚀（阳极，酸性环境）和表面钝化（阴极），导致内阻急剧增大。常用的金属材料有铝、镍、铜、钛和不锈钢，图 2.13 所示为用电刻蚀工艺制得的不锈钢双极板。金属双极板受到腐蚀后金属粒子会污染质子交换膜，增加质子传递阻力，从而影响电池的性能，因此，要对金属双极板进行表面处理，使双极板既能满足导电需求，又能防止腐蚀。金属双极板的流场一般采用机械加工、电刻蚀或冲压加工工艺，表面处理则采用物理气相沉积、化学气相沉积、化学镀、电镀、磁控溅射、丝网印刷等方法。

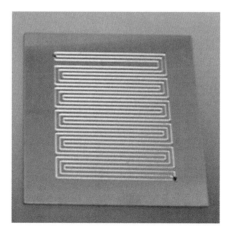

图 2.13　电刻蚀工艺制得的不锈钢双极板

前些年，石墨双极板是比较常用的，但由于在批量生产时，金属双极板的生产成本相对较低，同时，大功率的金属双极板电堆比石墨双极板电堆在体积方面要小得多，因此，近年来金属双极板的应用范围越来越广。图 2.14 所示为丰田 Mirai 使用的钛金属双极板，该双极板采用等离子体化学气相沉积法将 π-共轭无定形碳（PAC）材料沉积在成型的钛金属表面，并将沉积厚度控制在纳米级（约 50nm），以确保双极板具有良好的导电性。

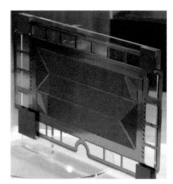

(a) 钛金属双极板

(b) 微观结构

图 2.14　丰田 Mirai 使用的钛金属双极板及其微观结构

目前，复合双极板主要有两种：

一种是金属石墨复合双极板，即以金属薄片为基底，在其两侧都复合一层石墨材料。这种双极板一方面具有金属易成型、防漏性好的优点，另一方面具有石墨材料耐腐蚀的特点，但两种材料的结合紧密程度是影响电池性能的主要因素。

另一种是高分子复合材料双极板，利用热塑性高分子材料可塑性的特点，即该材料在黏流转变温度下具有流动性和黏结性，可进行挤压、注塑和模压成型获得不同形状的制品，根据适合工艺要求的双极板和流场制成模具，选取耐腐蚀的热塑性高分子材料与导电填料复合，一次性复合模压成型得到带流场的复合双极板。这是目前制备低成本双极板主要的研究方向之一。

分布于双极板表面的图案称为流场（Flow Field），流场的作用是引导反应气流动方向，确保反应气均匀分配到电极各处，经扩散层到达催化层参与电化学反应。流场的形式和结构对反应物和生成物在电堆内部的流动、分配、扩散等起关键的作用。流场的设计是否合理将直接影响电堆能否正常运行。常见的流场形式主要有点状流场（Dot Flow Field）、网状流场（Mesh Flow Field）、多孔流场（Porous Flow Field）、平行沟槽流场（Parallel Flow Field）、单通道蛇形流场（Single Serpentine Flow Field）、多通道蛇形流场（Multichannel Serpentine Flow Field）和交指状流场（Interdigitated Flow Field）等，如图 2.15 所示。

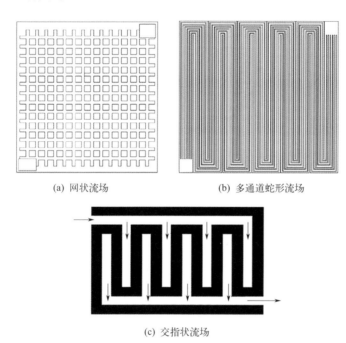

(a) 网状流场　　　　　(b) 多通道蛇形流场

(c) 交指状流场

图 2.15　不同构型的流场示意

　　各种流场的共同点是由各种图案的气体通道（沟槽或孔）和起支撑作用的脊或面组成，如图 2.16 所示。沟槽或孔为反应气体和水的流动提供通道，而脊或面的电极接触则起导电导热的作用。沟槽或孔所占的比例称为流场的开孔率。图 2.17 所示为具有不同宽度脊的单电池在不同工作条件下的电性能，可以看出，随着脊宽度的增加，电池的性能逐渐变差。流场结构和开孔率不但影响双极板与电极的接触电阻，还影响传质和排水。可见，流场的几何形状、尺寸及开孔率等都是流场设计应考虑的内容。另外，还应考虑电堆应用环境、工作状态、流场板与电极的电阻、气流分配、流速、压力和压力降等因素。

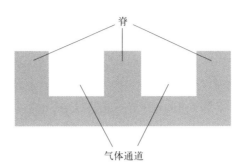

图 2.16　流场的气体通道与脊构造示意

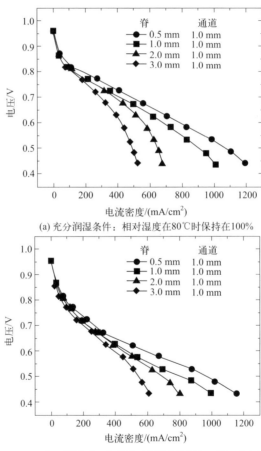

(a) 充分润湿条件：相对湿度在80℃时保持在100%

(b) 干燥条件：加湿单元的温度控制在55 ℃，单电池
的活化面积为80cm²，工作温度为65 ℃，纯氢气和
空气的工作压力分别为0.8atm和0.4atm

图 2.17　具有不同宽度脊的单电池在不同工作条件下的电性能

（1atm=101325Pa）

　　流场的结构设计、形状尺寸设计对电池的性能影响至关重要，同时其阴、阳极的进气方式同样也影响电池的性能。目前，阴、阳极的流体流动方式基本可归为以下三类：同向流动、交叉流动、逆向流动，如图2.18所示。实践证明，逆向流动有利于湿度的均匀分布，燃料电池输出性能更好，同时逆向流动能获得更好的水化膜，增加质子的电导率，从而提高电池的性能。

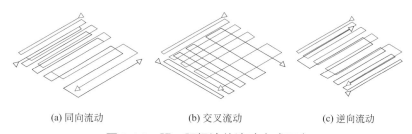

(a) 同向流动　　　　　　(b) 交叉流动　　　　　　(c) 逆向流动

图 2.18　阴、阳极流体流动方式示意

　　仿生流场是近几年研究较多的一类流场，其一般是基于自然界中树的枝干分布、树叶的脉络分布以及人体心肺血管分布设计的（图2.19）。此类流场相比传统流场，具有遵循 Murray 法则分布的主流道与多级分型维度上的分支流道，反应气体经主流道再分流进入各分流道，合理的分支结构设计使反应气体流量不断细分，因此，其特点在于使流体在整个活性反应面积分布均匀且停留时间较长，使反应物得到充分的利用，燃料电池的电流密度分布也会更加均匀。仿生流场中，流体具有良好的流动特性，合理的流道分支可使流线分布平滑，有利于相邻主流道之间的气体交换。但仿生流场的复杂形式不利于加工。因此，要不断探索，才能最终实现流场结构的智能化和生物化。

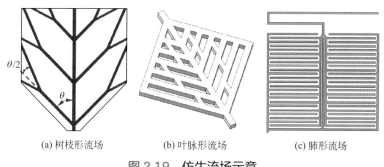

(a) 树枝形流场　　　　　　(b) 叶脉形流场　　　　　　(c) 肺形流场

图 2.19　仿生流场示意

　　三维精细化网格流场是近几年兴起的新型流场，流场由众多微供气单元排列而成，微供气单元改善了燃料电池的供气方式，挡板结构与扩散层成一定角度，迫使反应气体进入扩散层，尤其是在高电流密度区通过增强浓差扩散从而使燃料电池性能获得显著的提高。但是，由于其结构的复杂性和尺寸的精密性，对加工精度和成本控制都提出了更高的要求。丰田最新款 Mirai 汽车的燃料电池双极板采用的就是三维精细化网格流场，如图 2.20 所示。该流场板使阴极进气方向与扩散层成一定夹角，导流板中间将气流引向气体扩散层以增强质量传递，改善了反应气体的供应方式，大大强化了流体的传质作用。导流板两侧则将液态水从气体扩散层表面的不同位置引向流动通道的顶壁，然后由快速流动的反应气体带出流场。由于三维精细化流场的供气单元结构尺寸微小，大多为零点几毫米，对于大面积的流场板来说，均匀密布的供气单元结构使反应气流细微而又均匀分布于流场板，反应气体均匀而又充分的流动可以将电池产生的大部分热量带出。该设计重点考虑了增强反应物传质与除水作用，当PEMFC 以高电流密度操作时，可以改善阴极流动通道中的水积聚现象。

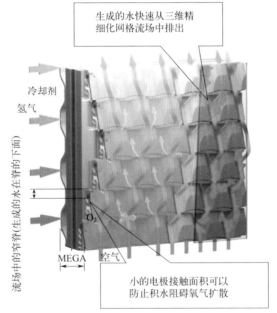

图 2.20　丰田 Mirai 新型三维精细化网格流场结构

（MEGA：膜电极与气体扩散层组件）

2.2.1.3　PEMFC 单电池与电堆

　　单电池是构成电堆的基本单元，对于 PEMFC，由于膜为高分子聚合物，仅靠电池组的组装力，不但电极与膜之间的接触不好，而且质子导体也无法进入多孔气体电极的内部。为了实现电极的立体化，需要向多孔气体扩散电极内部加入质子导体（如全氟磺酸树脂），同时为改善电极与膜的接触，将已加入全氟磺酸树脂的阳极、隔膜（全氟磺酸膜）和已加入全氟磺酸树脂的阴极热压集成在一起（图 2.21），形成了"三合一"组件（MEA）。

图 2.21　MEA 的热压成型

电堆的主体为 MEA、双极板及相应夹板，如图 2.22 所示。电堆一端为阴单极板，可兼作电流导出板，为电堆的正极；另一端为阳单极板，也可兼作电流导入板，为电堆的负极。与集流板相邻的依次是电堆的绝缘板和端板，也称为夹板，在它上面除了布有反应气与冷却液进出通道，周围还布置有一定数目的圆孔，在组装电池时，圆孔内穿入螺杆，给电堆施加一定的组装力。

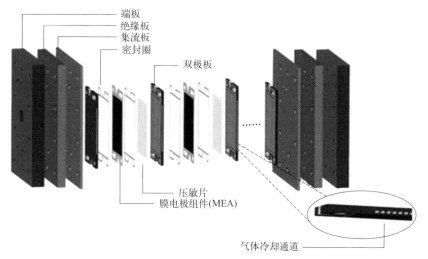

图 2.22　PEMFC 电堆结构示意

PEMFC 电堆的密封要求是按照设计的密封结构，在电堆组装力的作用下，达到反应气、冷却液不外漏，燃料、氧化剂和冷却液不互窜的目的。对于 PEMFC 电堆而言，电堆的密封与 MEA 的结构密切相关。一般 PEMFC 多采用线密封，这样可以减小组装力。密封件可由平板橡胶冲剪、模压制备或采用注入法特制密封胶。放置密封件的沟槽一般开在双极板上，以简化 MEA 的结构。在电堆运行过程中，电堆中的密封件（一般是橡胶密封件）会老化，密封性能会随时间逐渐变差，尤其是要长期运行的电堆老化更为严重，然而 PEMFC 中的密封件又不能定期更换，为了确保电堆的密封良好和保证 MEA 与双极板紧密接触，需要在电堆组装时增加自紧装置。

PEMFC 工作温度低于 100℃，电化学反应生成的水为液态。一般是采用适宜的流场，确保反应气在流场内流动线速度达到一定值（如每秒几米以上），依靠反应气吹扫出电池反应生成的水。但大量液态水的存在会导致阴极扩散层内氧传质速率的降低。因此，应该保证适宜的操作条件，使生成水的 90% 以上以气态水形式排出。这样不但能增加氧阴极气体扩散层内氧的传质速率，而且会减少电池组废热排出的热负荷。

在电堆排热设计中，应根据电堆的排热负荷，在确定的电堆循环冷却介质进、出口最大压差的前提下，依据冷却介质的比热容计算其流量。为确保电堆温度分布的均匀性，冷却介质进、出口最大温差一般不超过 10℃，最好为 5℃。这样，冷却介质流量比较大，为减少冷却介质泵的功耗，应尽量减少冷却介质流经电堆的压力降。在冷却通道的设计中要考虑流动阻力的因素。目前对 PEMFC 电池组采用的排热方法主要是冷却液循环排热法。冷却液是纯水或水与乙二醇的混合液。对于小功率的电堆，也可采用空气冷却方式。正在发展采用液体（如乙醇）蒸发排热方法。

2.2.1.4　PEMFC 电堆失效性分析

PEMFC 电堆在长时间运行中，除了因电催化剂中毒与老化，质子交换膜的老化、腐蚀和污染，导致其能量转化效率低于设定值而需要更换，有时在启动、停机和运行，特别是当负荷发生大幅度变化时，电堆内某节或某几节电池会失效，甚至可能会发生爆炸，导致整个电堆失效。

（1）反极导致电堆失效

因发生稀有气体累积或燃料、氧化剂供应不足等导致电堆中一节单电池电压从正到负的变化过程称为反极。如果电堆发生反极后仍让它继续运行，则此节单电池在氢室析出氧气，经电堆共用管道进入其相邻单电池，导致电池组电压大幅度下降。严重时会由于氢氧混合在电堆共用管道或单电池内气室发生爆炸而破坏电堆。

（2）交换膜破坏导致电堆失效

质子交换膜在 PEMFC 中除了传导质子，还起分隔燃料与氧化剂的作用。如果质子交换膜局部破坏，会导致燃料与氧化剂的混合，在电催化剂作用下将发生燃烧与爆炸，烧毁电堆内某节或某几节电池，导致电堆失效。

质子交换膜破坏的原因如下。

①因局部电流密度过高而产生过量的废热，导致质子交换膜的热点击穿。

② MEA 制备时产生的机械损伤。

③反应气压力的波动引起膜的变形。

④膜的含水量急剧变化导致膜的损伤。

2.2.2 直接甲醇燃料电池

进入 20 世纪 90 年代，PEMFC 在关键材料与电堆等方面均取得了突破性进展，但在商业化进程中，氢源问题一直没有得到解决。因此，以甲醇等醇类直接为燃料的燃料电池在 20 世纪末受到人们的重视，其中，直接甲醇燃料电池（DMFC）已成为研究与开发的热点，并取得了重要进展。

如图 2.23 所示，甲醇在阳极表面进行电催化氧化反应，生成二氧化碳和氢离子，并释放出电子，电子通过外电路传导到阴极，氢离子通过质子交换膜扩散到阴极表面，与空气中的氧气及通过外电路传导过来的电子结合生成水。DMFC 的工作温度从室温到 130℃左右，电极反应与电池总反应方程式如下。

阳极反应 $\qquad$ $CH_3OH + H_2O \longrightarrow CO_2 + 6H^+ + 6e^-$

阴极反应 $\qquad$ $\dfrac{3}{2}O_2 + 6H^+ + 6e^- \longrightarrow 3H_2O$

总反应 $\qquad$ $CH_3OH + \dfrac{3}{2}O_2 \longrightarrow CO_2 + 2H_2O$

DMFC 阳极燃料进料方式有两种：一种是以不同浓度的甲醇水溶液为燃料的液相进料，此时，在室温至 100℃范围内 DMFC 可以在常压下运行；另一种是以气态甲醇和水蒸气为燃料的气相进料，气相进料 DMFC 的开路电压和能量密度要明显高于液相进料 DMFC，但其工作温度超过 100℃，为防止水汽化而导致膜失水，需要对系统进行加压。以液相进料的 DMFC 是目前研发的重点。

从热力学上看，甲醇的电化学氧化电位和氢的电化学氧化电位非常接近。但实际上，甲醇的电化学氧化过程是一个缓慢的动力学过程。如图 2.24 所示，在以铂为催化剂进行甲醇在阳极的催化氧化时，其机理非常复杂。甲醇首先解

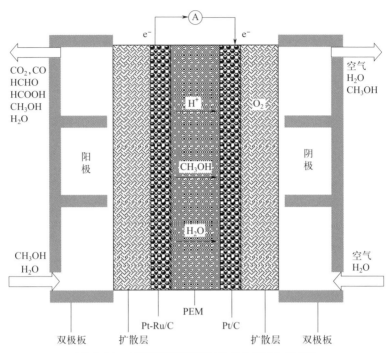

图 2.23　直接甲醇燃料电池单电池组成示意

离吸附在电极表面，生成中间体 CO，再生成 CO_2。在完成 6 个电子转移的过程中，会生成众多稳定或不稳定的中间物，有的中间物会成为电催化剂的毒物，导致催化剂中毒，从而降低电催化剂的电催化活性。由此可见，具有良好催化活性的阳极催化剂能显著提高 DMFC 的能量转化效率。

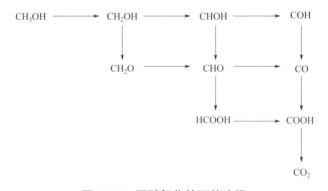

图 2.24　甲醇氧化的可能步骤

目前，铂钌（Pt-Ru）合金是研究最多的铂基合金催化剂，对甲醇的电催化效果也最好。其催化活性是通过双功能机理（Difunctional Mechanism）起作用的，Ru 的加入一方面会影响 Pt 的 d 电子状态，从而减弱 Pt 和 CO 之间的相互作用；另一方面 Ru 原子容易形成活性的 Ru-OH，可以促进甲醇解离吸附的中间体在 Pt 表面的氧化，从而提高 Pt 对甲醇氧化的电化学催化活性和抗中毒性能，其反应式为

$$Pt\text{-}CO+Ru\text{-}OH \longrightarrow Pt+Ru+H^++e^-+CO_2$$

虽然 Pt-Ru 合金催化剂对甲醇氧化有很好的催化活性，但由于 Ru 的氧化物在酸性介质中易溶解，稳定性不太好，需要进一步改性。在阴极催化剂方面，Pt 基催化剂依然是 DMFC 阴极的主要催化剂。

DMFC 的质子交换膜目前大部分采用 DuPont 公司的 Nafion115 系列和 Nafion117 系列。但由于 Nafion 膜的选择透过性很差，在一定工况下甲醇的透过率高达 40%，这不仅使甲醇燃料大量损失，而且甲醇渗透到阴极后会发生反应，导致阴极催化剂中毒，从而极大地降低了燃料电池的使用效率和寿命，需要对其进行优化，以改进 Nafion 膜的性能。因此，开发具有热稳定性好、甲醇渗透率低、化学稳定性好、质子电导率高、机械强度大、成本低的阻醇膜成了 DMFC 研究的热点。

DMFC 是在 PEMFC 的基础上发展起来的，两者的结构相似。DMFC 最大的优势在于采用甲醇为燃料，燃料来源非常丰富，室温下为液体，与水互溶，燃料储存和供应系统简单，可以采用类似目前加油站的系统；但 DMFC 单位面积的输出功率仅为 PEMFC 的 1/10 ~ 1/5，这主要是阳极电化学氧化催化活性不高和甲醇渗透导致的。

2.2.3 固体氧化物燃料电池

2.2.3.1 SOFC 的组成与工作原理

固体氧化物燃料电池（SOFC）是目前最受关注的高温燃料电池。SOFC 采用陶瓷材料作为电解质、阴极和阳极，全固态结构（图 2.25），除了具有一般燃料电池的特点，其燃料不必是纯氢，可以采用其他可燃的碳氢气体，同时 SOFC 不必使用贵金属催化剂。陶瓷电解质要求较高温运行（500 ~ 1000℃），加快了反应进行的速度，还可以实现多种碳氢燃料气体的内部还原，简化了设备；同时系统产生的高温、清洁的高质量热气，适于热电联产，能量利用率高达 80% 左右，是一种清洁高效的能源系统。目前世界上发达国家普遍把其作为一种战略储备技术，并已进入商业化应用阶段。

SOFC 单电池主要由电解质（Electrolyte）、阳极或燃料极（Anode, Fuel

图 2.25　阳极支撑的 SOFC 单电池微观结构 SEM 照片

Electrode)、阴极或空气极(Cathode, Air Electrode)和连接体或双极分离器(Interconnect, Bipolar Separator)组成。电解质具有较高的离子电导率是 SOFC 电池的基础。用于 SOFC 的电解质有两类，即氧离子传导电解质和氢离子(质子)传导电解质。根据传导离子的不同，可以将固体氧化物燃料电池分为两类:氧离子导体电解质燃料电池和质子导体电解质燃料电池。当使用甲烷(CH_4)为燃料时，氧离子传导型 SOFC 电池反应如下。

阴极反应　　　　　　　　　$O_2 + 4e^- \longrightarrow 2O^{2-}$

阳极反应　　　　　$4O^{2-} + CH_4 \longrightarrow 2H_2O + CO_2 + 8e^-$

总反应　　　　　　　$CH_4 + 2O_2 \longrightarrow 2H_2O + CO_2$

　　SOFC 工作时，在阳极一侧持续通入燃料气，如 H_2、CH_4、天然气等，具有催化作用的阳极表面吸附燃料气体如氢，并通过阳极的多孔结构扩散到阳极与电解质的界面。在阴极一侧持续通入氧气或空气，具有多孔结构的阴极表面吸附氧，由于阴极本身的催化作用，O_2 得到电子变为 O^{2-}，在化学势的作用下，O^{2-} 进入起电解质作用的固体氧离子导体，由于浓度梯度引起扩散，最终到达固体电解质与阳极的界面，与燃料气体发生反应，失去的电子通过外电路回到阴极。其电化学反应过程如图 2.26 所示。

　　当使用氢气为燃料时，质子传导型 SOFC 电池反应如下。

阳极反应　　　　　　　　$H_2 \longrightarrow 2H^+ + 2e^-$

阴极反应　　　　　　$O_2 + 4H^+ + 4e^- \longrightarrow 2H_2O$

总反应　　　　　　　　$2H_2 + O_2 \longrightarrow 2H_2O$

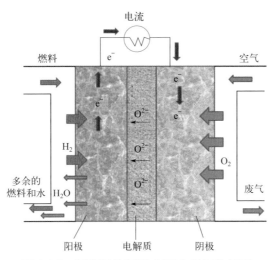

图 2.26 氧离子传导型 SOFC 的工作原理

质子传导型 SOFC（也称 PCFC）的工作原理基于电解质中存在的质子缺陷，其传导过程始于阳极，燃料气 H_2 在阳极经催化裂解生成质子和电子，质子在浓度梯度和电场作用下通过阳极 / 电解质界面扩散进入电解质内部向阴极方向传输，电子流经外电路到达阴极，在阴极侧，在催化剂的作用下与氧气发生电化学反应，最终生成水并排出，如图 2.27 所示。

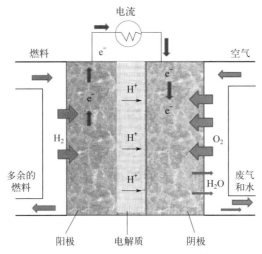

图 2.27 质子传导型 SOFC（PCFC）的工作原理

质子传导型 SOFC 与氧离子传导型 SOFC 不同点在于 CO 不能被质子传导

型 SOFC 利用，同时质子传导型 SOFC 工作时 H_2O 产生在阴极一侧，这意味着碳氢化合物燃料气体需要经过重整生成 H_2 后才可以加以利用，这无疑会降低燃料的利用率和电池操作的便捷性。氧离子传导型 SOFC 中燃料可以直接在阳极侧被氧离子氧化，产物形成在阳极侧，因此可以直接通入天然气、煤气、生物质气、醇类或烃类等作为燃料使用。这些优势使氧离子传导型 SOFC 成为目前 SOFC 研究的重点。

SOFC 具有突出的优势。理论上只要能被 O^{2-} 氧化的气体均能作为 SOFC 的燃料。因此相对于其他类型的燃料电池，SOFC 最主要的优点之一就是能够以易于得到的碳氢气体作为燃料，而其他类型的燃料电池（除 MCFC 外）则需要氢气作为燃料。目前绝大部分氢气通过碳氢气体的重整获得，这就需要外部过程来得到 H_2 和移除 CO，从而会导致系统效率的降低，并增加系统的复杂性和成本（图 2.28）。同时，氢气的存储和运输问题还有待解决。由于 SOFC 的工作温度较高，碳氢气体的重整可以在系统内进行，既可以通过一个不连续的重整器，也可以直接在电池的阳极进行。更进一步，可以直接以碳氢气体为燃料，在阳极中直接氧化，这个过程可以充分利用热力学效率，理论上可以接近 100%。

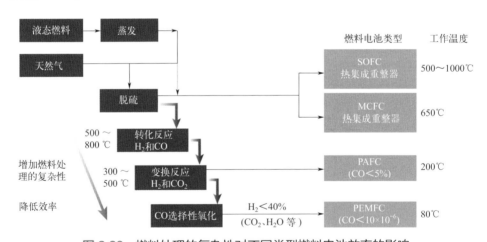

图 2.28　燃料处理的复杂性对不同类型燃料电池效率的影响

2.2.3.2　SOFC 的关键组件

（1）电解质

作为 SOFC 的核心部件，固体电解质的氧离子传输能力是决定 SOFC 性能的关键因素。电解质材料的选取很大程度上决定了 SOFC 其他部件材料的选取以及电池的制备工艺。同时，电解质层也是电池欧姆电阻的主要来源，对电池性能影响很大。理想的 SOFC 电解质材料应该满足如下条件。

❶ 具有较高的离子电导率且能长时间保持，为氧离子（质子）传导提供通道，但不能有电子电导，防止短路。

❷ 从室温到工作温度范围内保证对燃料气体和氧化气体的完全隔绝，其相对密度一般要高于 94%，易于制备成致密的薄膜。

❸ 在工作温度下，电解质在氧化性气氛和还原性气氛下必须具有足够的化学稳定性、形貌稳定性和尺寸稳定性。

❹ 电解质材料必须与其他电池组件在制备和运行过程中具有良好的化学相容性，不与电极发生反应，不生成界面离子阻隔层，界面电阻低。

❺ 电解质的热膨胀系数（Coefficient of Thermal Expansion，CTE）必须与其他电池材料在室温至操作温度范围内相匹配。

❻ 电解质材料还应具有高强度、高韧性、易加工、低成本的特点。

目前使用的氧离子导体电解质材料包括萤石结构电解质材料、钙钛矿结构电解质材料以及磷灰石类电解质材料。萤石结构电解质材料是应用最广泛的 SOFC 电解质材料，包括 ZrO_2 基材料、CeO_2 基材料以及 Bi_2O_3 基材料。电导率是评价电解质材料性能优劣的重要判据，陶瓷电解质的电导率随温度的变化趋势一般服从 Arrhenius 关系。常用固体氧化物电解质材料的电导率随温度的变化关系如图 2.29 所示。萤石结构电解质材料的电导率存在如下关系：$Bi_2O_3 > CeO_2 > ZrO_2$。

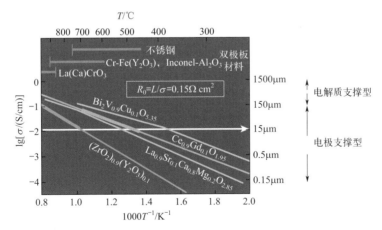

图 2.29 常用固体氧化物电解质材料的电导率随温度的变化关系

钙钛矿的通用表达式为 ABX_3，A 位阳离子可以是镧系元素以及碱金属和碱土金属元素，而 B 位阳离子通常是过渡金属，X 位可以是氧离子等阴离子。

元素周期表中超过 90% 的阳离子都可以掺杂进入钙钛矿体相。理想的钙钛矿通常是简单立方结构，如图 2.30 所示（对应 Pm-3m 空间群）。钙钛矿氧化物属于斜方晶系，可用不同价态的离子对其 A、B 位掺杂，通过引入低价态的阳离子部分取代 A 或 B 位的阳离子而形成大量的氧空位，如 A 位用碱土金属（Sr、Ca、Ba 等）氧化物作为掺杂剂，B 位用碱土金属或过渡金属（Mg、Cr、Fe 等）氧化物作为掺杂剂。通过引入氧空位，氧化物具有较高的离子电导率，其离子电导率仅次于 Bi_2O_3。目前，应用于中低温固体氧化物燃料电池中的钙钛矿结构的电解质材料主要是二价离子掺杂 A、B 位的 $LaGaO_3$，此外，近年来广泛研究的钙钛矿结构的电解质材料还包括 $SmAlO_3$、$NdGaO_3$、$LaScO_3$ 等。

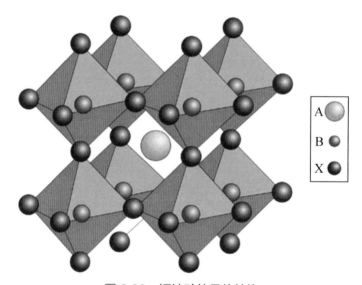

A
B
X

图 2.30　钙钛矿的晶体结构

质子导体电解质材料主要以钙钛矿氧化物为主，代表性的材料包括 $SrCeO_3$、$BaZrO_3$ 等。质子传导现象离不开中高温条件下质子缺陷、游离水蒸气和氧离子空位的存在。质子缺陷的形成源于水蒸气的分解，分解产物质子与晶格氧形成了共价键，羟基则填补了材料氧空位。该过程可以用 Kroger-Vink 规则来表达，即

$$H_2O + O_O^X + V_O^{\cdot\cdot} \Longleftrightarrow 2OH_O^{\cdot}$$

目前，研究者普遍认为钙钛矿氧化物中的质子扩散过程可以分以下两步进行，如图 2.31 所示。

❶ 羟基基团的化学键被其邻近的氧离子弯曲，使键长缩短，从而导致质

子迁移活化能降低，然后质子就可以通过氢键的形成与断裂，不断地在晶格中迁移。

❷ 质子通过质子缺陷在两个相邻的阳离子间发生跃迁，质子可以通过突破能量较低的 O—H 键形成新的 O—H 键，从一个氧离子迁移至另一个氧离子，从而在晶格间不断迁移。质子在材料晶格中的长程传输通路往往会受到钙钛矿晶格畸变、掺杂导致的化学平衡扰动以及质子间的协同效应等影响。

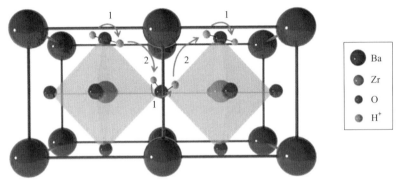

图 2.31　质子传导的迁移跃迁机制

1, 2—步骤编号

（2）电极

阳极是 SOFC 的关键组件，是燃料气体发生电化学反应的场所，其主要作用包括导入燃料气体、催化燃料反应、传导反应释放的电子到外电路以及导出生成气体等。此外，阳极有时还在含薄膜电解质的电池中起支撑层的作用。多孔的金属 - 陶瓷复合阳极是最常见的阳极。此外，为了防止积碳和硫毒化，一些具有混合离子 - 电子电导的萤石结构和钙钛矿结构的氧化物被引入阳极的制备中。

SOFC 的阴极是氧分子被还原成氧离子的场所，其主要作用包括将氧分子还原成氧离子，氧离子在阴极表面或者内部扩散穿越阴极 / 电解质界面进入电解质等。目前应用较多的包括掺杂的锰酸盐和掺杂的钴酸盐等。

（3）连接体

SOFC 单电池只能产生 1V 左右电压，为了获得较高的电压以满足应用，必须将若干个单电池以串联的方式组装成电池组，在此过程中就需要采用连接体实现。传统的高温 SOFC 工作温度一般在 1000℃左右，因此，能够满足条件的连接体材料，只有少数具有钙钛矿结构的陶瓷氧化物，如 $LaCrO_3$ 等 ABO_3 型氧化物。随着 SOFC 技术的不断发展，通过降低传统电解质 YSZ（Yttria Stabilized Zirconia）膜的厚度或采用具有高氧离子电导率的电解质膜，以及新型电极材料的开发，可使 SOFC 的工作温度从 1000 ℃左右降到 600~800 ℃的中低温范围内。这使金属材料取代传统陶瓷材料作为连接体成为可能。与陶瓷材料相比，金属连接体材料具有低成本、易加工、良好的电子电导率和热导率、优异的力学性能等优点。近年来，金属连接体材料作为最具潜力的 SOFC 连接体候选材料而受到广泛的关注。

（4）密封材料

SOFC 有管式和板式之分，相比管式 SOFC，板式 SOFC 具有高功率密度、低生产成本等优势，但同时具有苛刻的密封要求，这严重制约了板式 SOFC 的发展。图 2.32 所示为板式 SOFC 密封位置示意。在板式 SOFC 中，密封材料除了要保证能够对燃料气室和氧化剂气室进行有效的隔离及各种气体对环境的密封性，还要保证电池组具有一定的机械强度。同时，密封材料的工作温度在800℃左右，直接接触高温氧化性气氛（阴极侧）和高温潮湿还原性气氛（阳极侧），且在频繁启动中要经受多次热冲击。因此，密封材料不仅需要在很宽的氧分压下保持化学稳定，且长期保持与相邻电池组件的紧密结合，还需要经受热循环而无泄漏或损坏，此外密封材料还要具有良好的绝缘性能。目前，板式SOFC 用密封材料主要有玻璃和玻璃 - 陶瓷材料、金属材料及云母材料三大类。另外，少数耐热高分子材料也用来密封板式 SOFC。

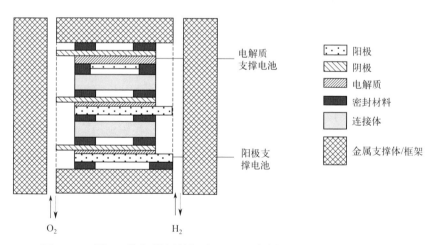

图 2.32 以 H₂ 作为燃料的板式 SOFC 密封位置示意（横截面图）

2.2.3.3 SOFC 的类型

与其他类型的燃料电池一样，SOFC 也需要组成电堆以增加电压和功率输出。由于没有液态组件，SOFC 可制成多种构型。目前 SOFC 的构型主要有两种，即管式和板式。此外，还有一些在此基础上发展起来的新的结构类型。

（1）板式 SOFC

板式 SOFC 是指电池的电解质和两侧的电极都是平板状的结构，一般通过流延或干压等方法制备电解质层后，再在电解质的两侧制备阴极和阳极，或先制备电极支撑电解质的双层后，再在电解质的表面制备另一电极，最后将阳极、电解质、阴极烧结在一起，组成"三合一"结构的单电池。单电池之间通过带流场的连接体连接，燃料和氧化剂在连接体的两侧交叉进入不同的电极中。单电池与连接体通过密封材料形成密闭的气室。

从图 2.33 中可以看出，板式 SOFC 的电流方向与电池垂直，因此电池的欧姆极化比管式 SOFC 低，性能也较好。板式 SOFC 结构简单，组件制备工艺简单，容易控制，造价也比管式低得多。同时，板式 SOFC 由于电流流程短、收集均匀，电池功率密度比管式 SOFC 高。但板式 SOFC 也存在密封困难，抗热应力性能较差，较难实现热循环，制备大面积单电池困难，对双极板性能要求高等缺点。

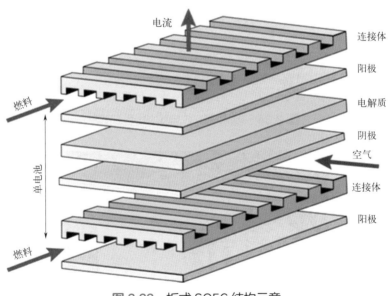

图 2.33 板式 SOFC 结构示意

板式 SOFC 电堆的组装如图 2.34 所示。单电池通过连接体和密封材料连接起来，使单电池相互串联构成电池组，连接体的两侧为气体提供传输通道，同时起到隔开两种气体的作用。图 2.35 所示为一种板式 SOFC 电堆的原型。

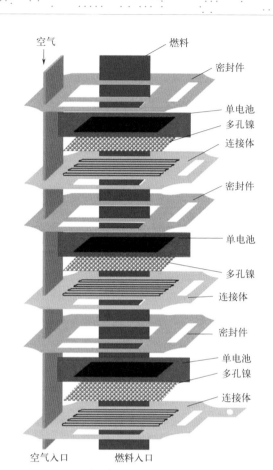

空气　　　　　　燃料

密封件

单电池

多孔镍

连接体

密封件

单电池

多孔镍

连接体

密封件

单电池

多孔镍

连接体

空气入口　　　燃料入口

图 2.34　板式 SOFC 电堆的组装示意

图 2.35　一种板式 SOFC 电堆的原型

（2）管式 SOFC

管式 SOFC 是最早的发展较为成熟的一种形式。管式结构单电池为一端封闭的中空管。管式 SOFC 的结构可设计为自支撑型和外支撑型两种，早期的单电池主要是外支撑型，即由内到外由多孔支撑管、空气阴极、固体电解质薄膜和金属陶瓷阳极组成。氧气由管芯输入，燃料气体通过管外壁供给。随着管式 SOFC 技术的发展，自支撑型管式 SOFC 逐渐增多，图 2.36 所示为阳极支撑型管式 SOFC，其管壁由内向外依次为阳极支撑管、电解质薄膜和阴极。

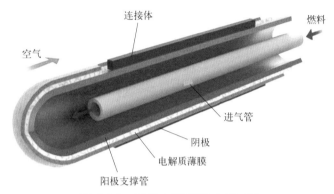

图 2.36　阳极支撑型管式 SOFC

阳极内壁通过其侧壁上的陶瓷连接体与其他单电池的阴极外壁串联在一起组成电堆，如图 2.37 所示。燃料通入管内，而空气在管外流动。管式 SOFC 的优点是易于实现密封（采用电堆高温区以外密封技术）；有利于采用直接碳氢化合物燃料内重整技术和实现电堆的集成化设计；制备大尺寸的单

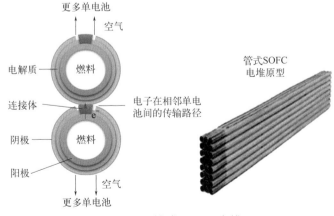

图 2.37　管式 SOFC 电堆

电池相对容易。Siemens Westinghouse 公司的阳极支撑管式 SOFC 单电池的长度已达到 2m。增加管式 SOFC 单电池的长度，有利于提高电堆的体积功率密度，若采用燃料内重整技术，则可延长燃料与催化剂的接触时间，有利于提高燃料重整转化率，但电流收集困难，单电池制造成本高。鉴于管式 SOFC 的功率密度比板式 SOFC 低，在管式 SOFC 的基础上设计了平管式 SOFC 和微管式 SOFC。

微管式 SOFC（Micro-tubular SOFC）是在管式结构上的微型化，其直径一般不大于 2mm。微管式 SOFC 一般为自支撑型，即以电池本身的一部分作为整个电池的结构支撑。根据支撑结构的不同，自支撑型微管式 SOFC 可分为阳极支撑型、阴极支撑型和电解质支撑型三种，支撑结构要求具有一定厚度，以保证可提供足够的机械强度。在这三种结构中，阳极支撑结构更容易被采纳，这是因为含 Ni 元素的阳极陶瓷支撑管具有良好的机械强度和导电性，并且容易在其上沉积一层薄而致密的电解质层，同时可以极大地降低电池的欧姆内阻，如图 2.38 所示。

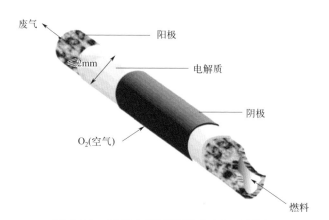

图 2.38　阳极支撑型微管式 SOFC 示意

SOFC 面临的一些技术问题如降低运行温度、加快启闭速度、延长设备寿命和节约材料成本等问题，均可通过 SOFC 的微管化结构来解决。当电池直径小到毫米级或亚毫米级时，多种潜在的优点会进一步显现：传质表面增大，使传质效率和体积功率密度提高；传热表面增大，使升降温速率极大地提高，可大幅缩短启动时间；对相同厚度的电池管，壁厚 / 直径比增大，力学性能加强。微管式结构突破了 SOFC 只适于作为固定电站的局限，在便携性和移动性方面开辟了广阔的应用空间，如车辆动力电源、不间断电源（UPS）、便携电源、航空航天器电源等。

虽然微管式 SOFC 有着广阔的应用前景，但依然存在微管电池需要强结构支撑、轴向电阻大、组装困难等问题。目前，微管式 SOFC 电堆的设计主要包括片型设计和立方体型设计两种。图 2.39 所示为立方体型微管式 SOFC 束和电堆的制备流程示意，该立方体型微管式 SOFC 束的功率密度在 550℃ 达到 2W/cm³。

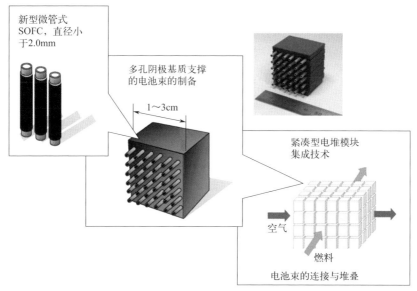

图 2.39　立方体型微管式 SOFC 束和电堆的制备流程示意

2.2.4　碱性燃料电池

碱性燃料电池（AFC）以强碱（比较典型的电解质溶液是质量分数为 35% ~ 50% 的 KOH 溶液）为电解质，以氢气为燃料，以纯氧或脱除二氧化碳的空气为氧化剂，采用对氧电化学还原具有良好催化活性的 Pt/C、Ag 等为催化剂制备的多孔气体扩散电极为氧电极，以对氢电化学还原具有良好催化活性的 Pt-Pd/C、Ni 等为催化剂制备的多孔气体扩散电极为氢电极。以饱浸碱液的多孔石棉等作为隔膜，以无孔碳板、镍板或镀镍甚至镀银、镀金的金属板（如铝板、镁板、铁板等）作为双极板材料，并在板面上加工各种形状的流场形成双极板。AFC 单电池主要由氢气气室、阳极、电解质、阴极和氧气气室组成（图 2.40）。

AFC 属于低温燃料电池，最新的 AFC 工作温度一般在 20 ~ 70℃，其工

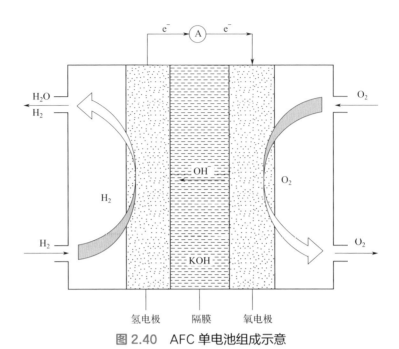

氢电极　　隔膜　　氧电极

图 2.40　AFC 单电池组成示意

作原理是在阳极氢气和强碱中的 OH^- 在催化剂的作用下，发生氧化反应生成水和电子：

$$H_2+2OH^- \longrightarrow 2H_2O+2e^-$$

电子通过外电路到达阴极，在阴极催化剂的作用下，阴极中的氧气得到电子，与水发生还原反应，生成 OH^-：

$$\frac{1}{2}O_2+H_2O+2e^- \longrightarrow 2OH^-$$

生成的 OH^- 通过饱浸碱液的多孔隔膜迁移到氢电极。总反应：

$$H_2+\frac{1}{2}O_2 \longrightarrow H_2O$$

为了保证电池的连续工作，除了要连续等速地向 AFC 供应氢气和氧气，还要连续等速地从阳极排出反应生成的水，以维持电解质的碱液浓度恒定，同时要排出电池反应的废热以保持电池工作温度的稳定。

从电极过程动力学来看，提高电池的工作温度，可以提高电化学反应速率，还能够提高传质速率，减少浓差极化，而且能够提高 OH^- 的迁移速率，减小欧姆极化。因此，电池温度升高，可以改善电池性能。此外，大多数的 AFC 都是在高于常压的条件下工作的。因为随着 AFC 工作压力的增加，燃料电池的开路电压也会随之增大，同时也会提升交换电流密度，从而使 AFC 的性能有很大提高。

AFC 是最早开发和获得成功应用的一类燃料电池，先后被应用于阿波罗登月计划和航天飞机上。碱性燃料电池在航天方面的成功应用，证明了其具有高的功率密度和能量转化效率（50% ～ 70%），且运行高度可靠，展示出其作为高效、环境友好的发电装置的可能性。因此，曾推动人们探索其在地面和水下应用的可行性。然而，由于碱性燃料电池以浓碱作为电解质，在地面应用时必须脱除空中的 CO_2，而且它只能以 H_2 或 NH_3、N_2H_4 等分解气为燃料，若以碳氢化合物的重整气为燃料，则必须要分离出其中的 CO_2，从而导致整个系统的复杂化和成本增加。20 世纪 80 年代末以后，由于质子交换膜燃料电池技术的快速发展，寻求地面和水下应用的燃料电池工作已转向了质子交换膜燃料电池。

2.2.5 磷酸燃料电池

虽然 AFC 具有高效率发电的优点，但是将其应用在地面上时，由于 CO_2 所产生的毒化问题，使其应用受阻。这时，人们开始研究以酸作为电解质的燃料电池。由于磷酸具有较好的热、化学和电化学稳定性以及高温下挥发性小、独特的对 CO_2 的耐受力等优点，使磷酸燃料电池（PAFC）成为最早研制成功的地面用燃料电池。

PAFC 是以纯磷酸为电解质的燃料电池。PAFC 的燃料为氢气，氧化剂为空气。PAFC 单电池主要由氢气气室、阳极、磷酸电解质隔膜、阴极和氧气气室组成，如图 2.41 所示。

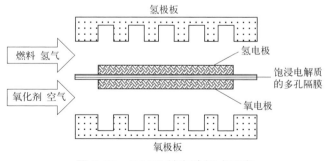

图 2.41 PAFC 单电池组成示意

PAFC 用氢气作为燃料，氢气进入气室，到达阳极后，在阳极催化剂作用下，失去 2 个电子，氧化成 H^+。

阳极反应 $\qquad$ $H_2 \longrightarrow 2H^+ + 2e^-$

H^+ 通过磷酸电解质到达阴极，电子通过外电路做功后到达阴极。氧气进入气室到达阴极，在阴极催化剂的作用下，与到达阴极的 H^+ 和电子结合，还原生成水。

阴极反应 $\qquad$ $\frac{1}{2}O_2 + 2H^+ + 2e^- \longrightarrow H_2O$

总反应 $\qquad$ $\frac{1}{2}O_2 + H_2 \longrightarrow H_2O$

PAFC 的工作压力一般为 0.7 ～ 0.8MPa。工作温度一般为 180 ～ 210℃。工作温度选择的主要依据是磷酸的蒸气压、材料的耐腐蚀性能、电催化剂耐 CO 中毒的能力以及实际工作的要求。

经过多年的努力，PAFC 的研究得到了很大的进展，已经基本进入了商业化阶段，是所有燃料电池中早期发展最快的燃料电池，这主要得益于 PAFC 具有的优点：耐燃料气体及空气中的 CO_2，不必对气体进行除 CO_2 的预处理，因此系统简化，成本降低；工作温度不太高，对构成电池的材料要求不高；在运行时所产生的热水可供饮用，即以热电联供；稳定性较好。

PAFC 虽然技术比较成熟，但依然存在发电效率低、必须使用稳定性较好的贵金属催化剂、电池寿命短、燃料气要求高、电堆启动时间较长等缺点，因此不适合作为快速启动装置的电源，如汽车用的移动电源，应用范围受到限制。加上 PEMFC 技术的快速发展，近年来，各国对 PAFC 研制的投入逐渐减少，使 PAFC 的技术进展速度也日趋缓慢。

2.2.6 熔融碳酸盐燃料电池

熔融碳酸盐燃料电池（MCFC）一般由阳极、阴极、充有碳酸盐电解质的隔膜、集流板和双极板等关键部件组成，如图 2.42 所示。熔盐电解质必须保持在多孔惰性基体中，它既具有离子导体的功能，又有隔离燃料气和氧化剂的功能，在阴极和阳极中的分配良好，同时电极与隔膜必须具有适宜的孔匹配率。

MCFC 用碱金属（Li、Na、K）的碳酸盐作为电解质，电池工作温度为 600 ～ 700℃。在此温度下，电解质呈熔融状态，载流子为碳酸根离子。典型的电解质为 62%Li_2CO_3+38%K_2CO_3（摩尔分数）。MCFC 的燃料气是 H_2，也可以为 CO 等，氧化剂为 O_2。当电池工作时，阳极上的 H_2 与从阴极上通过电解质迁移过来的 CO_3^{2-} 反应，生成 CO_2 和 H_2O，同时将电子输送到外电路。阴极

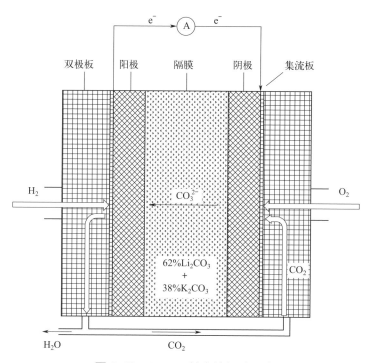

图 2.42 MCFC 单电池组成示意

上 O_2 和 CO_2 与从外电路输送过来的电子结合，生成 CO_3^{2-}。

MCFC 的电化学反应式如下。

阴极反应 $$\frac{1}{2}O_2+CO_2+2e^- \longrightarrow CO_3^{2-}$$

阳极反应 $$H_2+CO_3^{2-} \longrightarrow CO_2+H_2O+2e^-$$

总反应 $$\frac{1}{2}O_2+H_2+CO_2(阴极) \longrightarrow H_2O+CO_2(阳极)$$

由电极反应式可知，在阴极，CO_2 为反应物，在阳极，CO_2 为产物，导电离子为 CO_3^{2-}，即每通过 2mol 法拉第常数的电量，就有 1mol 的 CO_2 从阴极转移到阳极。为确保电池稳定连续地工作，必须使在阳极产生的 CO_2 返回到阴极，通常采用的方法是将阳极室排出的尾气经燃烧消除其中的氢气和一氧化碳后，进行分离除水，再将 CO_2 送回阴极。

熔融碳酸盐燃料电池的概念最早出现于 20 世纪 40 年代。20 世纪 50 年代，Broes 等演示了世界上第一台 MCFC。由于 MCFC 采用液体电解质，比较容易制造，成本也较低，近年来发展迅速，除了高的能量转化效率，其副产的高温气体也可得到有效利用。因此，MCFC 是很有前途的新能源。20 世纪 80 年代，MCFC 作为第二代地面用的燃料电池基本上已经进入了商业化阶段。世界各国，尤其是美国、日本和德国都投入了巨资开发 MCFC。MCFC 的开发者认为天然气将是商业系统的燃料，其他的燃料如水分解气、垃圾场气、生物废气、石油冶炼的剩气和甲醇均可用于 MCFC。由于 MCFC 电解质的腐蚀性高、电池的密封技术难度大，以及 CO_2 的循环增加了系统结构的复杂性，使 MCFC 很难作为移动电源使用。

2.3 燃料电池技术发展历程

燃料电池的历史可以追溯到 19 世纪，1839 年 William Robert Grove 使用两个铂电极电解硫酸时发现，析出的氢气和氧气具有电化学活性，并在两极间产生约 1V 的电势差，在此基础上成功研制了第一台氢氧燃料电池。到 20 世纪 50 年代以前，燃料电池一直处于理论与应用基础的研究阶段。燃料电池理论和类型也不断丰富，1952 年 Bacon 型碱性氢氧燃料电池出现。

20 世纪 60 年代由于载人航天对于大功率、高功率密度与高能量密度电池的迫切需求，燃料电池才引起一些国家与军工部门的高度重视。正是在这种背景下，Pratt & Whitney 公司研制成功阿波罗登月飞船的主电源——Bacon 型中温氢氧燃料电池。1965 年，双子星座宇宙飞船也采用了美国通用电力公司的 PEMFC 为主电源。同时，兆瓦级燃料电池研制成功。

20 世纪 70 ～ 80 年代，能源危机和航天军备竞赛极大地推动了燃料电池的发展。以美国为首的发达国家开始大力支持民用燃料电池的开发，至今还有数百座 PC25（200kW）磷酸燃料电池电站在世界各地运行。实践证明，它们的运行高度可靠，能作为各种应急电源与不间断电源广泛使用。在此期间熔融碳酸盐燃料电池也有了很大的发展，目前已有 2000kW 试验电站在运行。固体氧化物燃料电池采用固体氧化物膜电解质，在 800 ～ 1000℃下工作，直接采用天然气、煤气和碳氢化合物作为燃料，余热与燃气轮机、蒸汽轮机形成联合循环发电，已在进行数十千瓦和数百千瓦的固体氧化物燃料电池电站试验。

进入 20 世纪 90 年代以来，人类日益关注环境保护。以质子交换膜燃料电池为动力的电动汽车，直接使用甲醇燃料电池的便携式移动电源，高温燃料电池电站，用于潜艇和航天器的燃料电池等蓬勃发展，如图 2.43 所示。

图 2.43　燃料电池的各种应用

2.4　燃料电池与锂电池的比较

目前替代石油车的主流技术路线就是锂电池和燃料电池。燃料电池最大的优势就是能量密度高，是锂电池的120倍。但锂电池起步早，商业化程度更高，整车成本也更低，且充电可利用现有的电网系统，相比燃料电池整个加氢和供氢的配套设施都要从头建设，成本也要更低。因此，这两者的竞争核心就是能量密度与成本的竞争。成本下降是个工程问题，可以通过商业化来解决，而能量密度面对的却是基础科学领域的瓶颈。从长期来看，燃料电池无疑潜力更大，也最有望成为下一代车用基础动力源。

2.4.1　能量密度比较

锂电池作为蓄电池的一种，是个封闭体系，电池只是能量的载体，必须提前充电才能运行，其能量密度取决于电极材料的能量密度。由于目前负极材料的能量密度远大于正极，所以提高能量密度就要不断升级正极材料，如从铅酸电池到镍系电池再到锂电池。比锂离子电极更好的理论上就只有纯锂电极，但其能量密度也只有汽油的 1/4，而且商业化的技术难度极大。目前，特斯拉公司公布的最新 4680 电池单体能量密度达到 300Wh/kg，而它的电池组能量密度为 217Wh/kg。宁德时代的麒麟电池包可将三元电池系统能量密度提升至 255Wh/kg，磷酸铁锂电池系统能量密度提升至 160Wh/kg。即使锂电池能量密度达到 300Wh/kg，也只有燃料电池的 1/120，如图 2.44 所示。

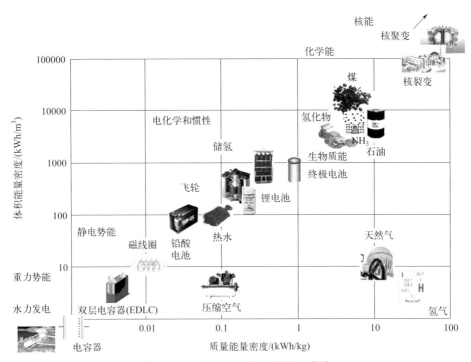

图 2.44　不同能源载体的能量密度

　　燃料电池原料氢气的主要缺点是体积能量密度不高，现在基本上是采用加压来解决这个问题。按照现行的 70MPa 的加压模式，其体积能量密度是汽油的 1/3。同样 500 公里的续航里程，第一代丰田 Mirai 燃料电池汽车的储氢瓶（储氢罐）体积为 122.4L，质量为 88kg，对应的汽油车油箱约为 45L，但电动机体积比内燃机小 80L，故总体积相差不大。锂电池汽车分为三元锂电池和磷酸铁锂电池两种主流技术路线，如特斯拉 Model3 有标准续航版和高性能版两种，分别采用磷酸铁锂电池和三元锂电池，续航里程分别为 468 公里和 605 公里，其电池体积为 188L，质量为 455kg，都要高于燃料电池（图 2.45）。展望未来，如果储氢合金和低温液态储氢技术能够实现突破，燃料电池体积能量密度将分别增加 1.5 倍和 2 倍，优势会更加明显。

图 2.45 相同续航里程下，EV 和 FCV 电池与储氢瓶质量对比

2.4.2 功率密度比较

燃料电池本质上可以理解为以氢气为原料的化学发电系统，因此输出功率比较稳定，为了最大限度地提高放电功率，必须附加其他动力电池系统，如丰田 Mirai 就是配套镍氢电池。作为一个开放的动力系统，其能量来自外部输入，附加的镍氢电池不需要考虑储能的问题，它不需要像纯电动汽车的电池那样要求大的容量，与混合动力汽车的电池相当，对电池寿命的要求也不高，在真实工况下的使用限制很少。锂电池虽然理论放电效率很高，但为了不损害电池寿命，使用限制很多。在充满电的情况下不能大倍率放电，快速放电只适用于 0 ～ 80% 这个区间。即使如此，以 5C 倍率放电，实验室中的电池循环寿命也会缩短到只有 600 次，真实工况下会进一步降至 400 次，如 Tesla 的电池即使最大功率可达 310kW，但实际放电倍率也只有 4C。而且锂电池作为能量密度不高的封闭储能体系，高功率放电和高续航里程基本很难兼容，除非大幅度地增加电池质量。即使 Tesla 采用了目前能量密度最好的三元电池，其电池组件质量也接近半吨。

2.4.3 安全性比较

安全性对于机动车来说无疑也非常关键。锂电池作为封闭的能量体系，从原理上高能量密度和安全性就很难兼容，稍有不慎就等同于炸弹。因此，现在主流工艺路线中，能量密度低的磷酸铁锂电池安全性较好，电池温度达到 500 ～ 600℃时才开始分解，基本不需要太多的保护辅助设备。Tesla 采用的三元电池能量密度虽高，但不耐高温，250 ～ 350℃就会分解，安全性差。其解决方法是合理布置了 4416 个 21700 电池单体，大幅降低了电池单体漏液、爆炸带来的危险，即使如此，也还需要结合一套复杂的电池保护设备（图 2.46）。

Model 3电池包由四个模块组成，中间两个模块25串
46并，两边的模块23串46并，共4416个21700电池单体

图 2.46 Tesla 21700 电池

燃料电池由于原料氢气易燃易爆，市场普遍担心其安全性问题。但相比汽油蒸气和天然气这两种常见的车用可燃气体，氢气的安全性并不差，甚至还略好。现在车用储氢装置都采用碳纤维材料，在 80km/h 速度多角度碰撞测试中都可以做到毫发无损。即使车祸导致泄漏，由于氢气爆炸要求浓度高，在爆炸前一般就已经开始燃烧，反而很难爆炸。而且氢气重量轻，溢出系统的氢气着火后会迅速向上升起，反而一定程度上保护了车身和乘客（图 2.47）。而汽油为液态，锂电池为固态，很难在大气中上升，燃烧都在车舱底部，整车会迅速着火报废。氢气储运环节其实和 LNG（液化天然气）非常类似，只是所需压力更大，随着商业化推进，其整体安全性也还是可控的。

图 2.47 迈阿密大学进行的燃料电池汽车和汽油汽车燃烧对比试验

2.4.4 成本比较

电动汽车的成本主要分为整车成本、原料成本、配套成本。目前对燃料电池诟病最多就是成本太高，但用发展的眼光看，随着技术进步和商业化程度提高，其成本下降的空间很大，燃料电池汽车长期成本优势仍然非常明显。而锂

电池如果考虑到电网端扩容的成本，其综合配套成本还是要高于燃料电池，其实这所有的根源还在于燃料电池能量密度最高，同等商业化情况下，成本自然具备优势。

　　较长的续航里程是汽车实用化的关键参数，而整车续航里程根本上取决于能量源的能量密度。相比于锂离子电池技术，氢燃料电池技术具有更高的能量密度、更少的能量补充时间，且兼具使用过程中的环保清洁特征。虽然目前锂电池汽车技术与商业化进程暂时领先于燃料电池汽车技术，但随着燃料电池汽车本身的核心关键组件（电堆、高压储氢瓶等）技术逐步成熟以及氢能产业的发展，燃料电池汽车必将迎来快速发展的新阶段。

第 **3** 章

燃料电池汽车

3.1 燃料电池汽车工作原理

燃料电池汽车（FC）是利用燃料电池产生出的电能来带动电动机工作的，并由电动机带动汽车中的机械传动机构，进而带动汽车的前桥（或后桥）等行走机械结构工作，从而驱动电动汽车前进。图 3.1 所示为燃料电池汽车工作原理。

燃料电池汽车的续航里程取决于车上所携带的氢的量，燃料电池汽车的行使特性主要取决于燃料电池动力系统的功率。

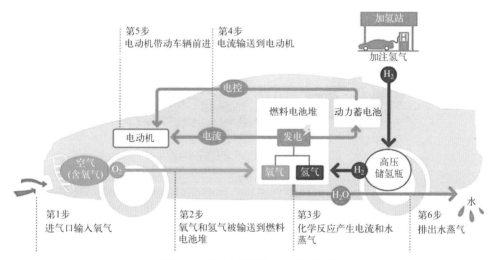

图 3.1　燃料电池汽车工作原理

3.2 燃料电池汽车系统分解

图 3.2 所示为燃料电池汽车的主要部件。

3.2.1 动力系统

燃料电池汽车的动力系统有很多种，概括起来主要有纯燃料电池驱动系统和燃料电池与辅助动力源组成的混合驱动系统两种形式，可以在燃料电池汽车

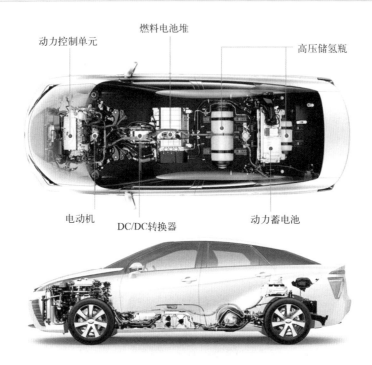

动力控制单元　　燃料电池堆　　　　高压储氢瓶

电动机　　DC/DC转换器　　　　动力蓄电池

图 3.2　燃料电池汽车的主要部件

上应用的辅助动力源主要有动力蓄电池（Traction Battery，TB）、超级电容器（Ultra-Capacitor，UC）。混合驱动系统将燃料电池与辅助动力源相结合，燃料电池可以只满足持续功率需求，辅助动力源不仅可以提供加速、爬坡等所需的峰值功率，而且在制动时可以将回馈的能量储存在辅助动力源中，以提高车辆的经济性。

（1）纯 FC 动力系统

纯燃料电池汽车只有燃料电池一个能量源，汽车所有功率负荷都由燃料电池承担。纯燃料电池动力系统结构如图 3.3 所示。这种系统结构简单，但燃料电池的额定功率很大，成本高，对冷启动时间、耐启动循环次数、负荷变化的响应等提出了很高的要求。在 Ballard 公司较早开发的燃料电池大客车上采用此方案。DC/DC 转换器的作用是阻抗匹配，以解决燃料电池发动机输出特性偏软的问题。这种结构主要存在以下四个方面的问题：由于燃料电池的功率很大，燃料电池制造成本上升及整车质量增加，引起整车消耗的功率增加；尽管燃料电池系统效率较高，但燃料电池系统的氢气消耗量会增加，进而增加整车单位里程消耗的燃料，增加运营成本；燃料电池的动态响应时间难以满足车辆的要求；系统无法实现再生制动。

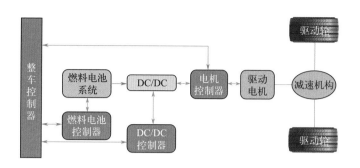

── 机械连接 ◄───► 通信连接 ──► 电气连接

图 3.3 纯燃料电池动力系统结构

（2）FC+TB 混合动力系统

FC+TB 混合动力系统是目前绝大多数燃料电池汽车动力系统都采用的结构形式，如图 3.4 所示。这种结构形式具有很多优点：燃料电池作为主动力源提供持续功率，动力蓄电池提供峰值功率，并且能够回收再生制动的能量；根据工作模式的不同，动力蓄电池还可以单独以纯电动的模式驱动车辆，可以实现在燃料电池出现故障时的跛行返回。这种结构存在的问题主要是对动力蓄电池的功率特性有特殊要求，对于目前动力蓄电池的技术水平来讲有一定的难度，而且增加了动力系统控制的复杂性。

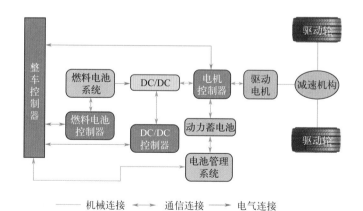

── 机械连接 ◄───► 通信连接 ──► 电气连接

图 3.4 燃料电池加动力蓄电池混合动力系统结构

（3）FC+UC 混合动力系统

德国大众汽车集团推出的 Hypower 燃料电池汽车即采用这种以超级电容器作为能量储存装置的混合驱动结构，超级电容器作为辅助动力源，如图 3.5 所示。超级电容器具有优良的功率特性，能以高放电率释放电能，功率密度是铅酸电池的 10 倍左右，充电时间更短，而且循环寿命达到百万次，可以降低使用成本。但是，超级电容器储存的能量有限，只可提供持续约 1min 的峰值功率，其电压波动幅度很大，因此，在应用中必须增加 DC/DC 转换器进行阻抗匹配，这样会增加系统结构的复杂性。

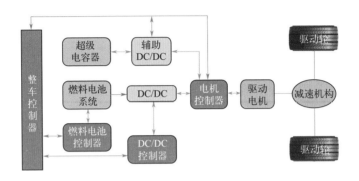

图 3.5　燃料电池加超级电容器混合动力系统结构

（4）FC+TB+UC 混合动力系统

美国南加利福尼亚大学设计的燃料电池汽车采用了这种混合动力结构，如图 3.6 所示。这种结构主要有以下三方面优点：可以进一步降低对燃料电池和动力蓄电池的功率要求；在寒冷的季节里，动力蓄电池不能产生足够大的电流启动车辆时，动力蓄电池可以对超级电容器进行小电流充电，由超级电容器提

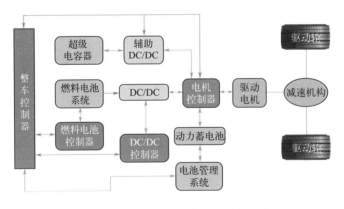

图 3.6　燃料电池加动力蓄电池和超级电容器混合动力系统结构

供足够的启动功率，这样可以减少动力蓄电池的数量和电池单体的容量，减轻动力蓄电池的负担；再生制动时，超级电容器接收回馈能量，减少动力蓄电池的充放电次数，延长电池的使用寿命。这种结构形式虽然具有上述优点，但其结构复杂，动力系统控制也相对复杂。

综合考虑上述各种结构形式的优缺点，燃料电池与动力蓄电池的混合动力系统方案具有结构和控制相对简单、易于实现、能够较好地提供峰值功率和回收再生制动能量等优点，而且随着动力蓄电池技术水平的不断进步，其功率密度特性也得到了大幅度的提高，因此，目前绝大多数燃料电池汽车动力系统均采用了这种结构形式。从图 3.7 中可以看出，启动时，由动力蓄电池向驱动电机提供动力输出；正常行驶时，燃料电池堆输出，通过逆变器向驱动电机提供动力输出，同时给动力蓄电池充电，在中高速巡航时，仅由燃料电池堆提供能量驱动车辆，动力蓄电池既不充电也不放电；加速过程中，在收到较大动力请求时，燃料电池堆和动力蓄电池同时供电，通过逆变器向驱动电机提供动力输出；在制动减速时，驱动电机通过逆变器回收能量并储存到动力蓄电池中。

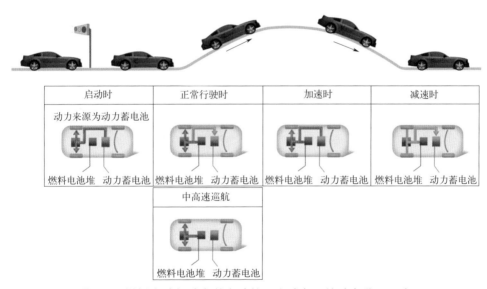

图 3.7　燃料电池与动力蓄电池的混合动力系统动力分配示意

3.2.2　驱动系统

电动汽车驱动电机是所有电动汽车必不可少的关键部件，因为车辆的最高车速、加速时间、爬坡能力等整车性能，与驱动电机有着密切的关系。电机是将电能和机械能相互转换的一种电力元器件。当电能被转换为机械能时，电机表现出电动机的工作特性；当机械能被转换为电能时，电机表现出发电机的工作特性。在新能源汽车中，一般情况下是用电机取代发动机并在电机控制器的控制下，将电能转换为机械能来驱动汽车行驶，并为电池或辅助电池回馈充电，因此，电机是新能源汽车的核心装置，电机技术的好坏直接影响电动汽车驱动系统的性能。

从电机结构上看，根据其是否具有换向器和电刷，新能源汽车驱动电机分为两大类：有刷电机和无刷电机，如图3.8所示。无刷电机因为没有换向器、电刷等易损耗的部件，是新能源汽车电机的主要聚焦点。目前已经用于新能源汽车的电机包括直流电机、笼型转子感应电机、永磁同步电机（也称永磁无刷交流电机）、永磁无刷直流电机和开关磁阻电机。

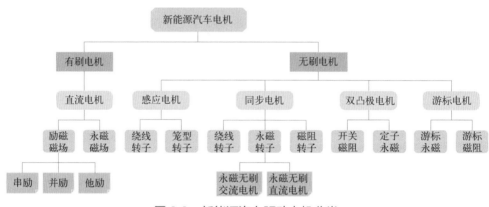

图3.8　新能源汽车驱动电机分类

由此可见，国内外电机的结构众多，性能不一，工作原理也不尽相同。使用较多的有直流电机、永磁同步电机、交流感应电机和开关磁阻电机四种。

有刷直流电机结构简单，主要由转子、定子、端盖和电刷架四部分组成，利用通电导体在磁场中受力的电磁原理制成。其具有优良的电磁转矩控制特性，启动转矩大，易于快速启动、停机；调速比较方便，调速范围宽，易于平滑调节；控制装置简单、价格低。有刷直流电机的磁场和电枢可以分别控制，因此控制性能较好，而且其容量范围较广，可供选择的余地大，所以直到20世纪80年代中期，仍是国内外电动汽车用电机的主要研发对象。但是，其存在电刷、换向器等易磨损的器件，所以必须进行定期的维护和更换；相对于其他类型的电机，其体积一般较大；并且限于转子电枢的结构，其不适合用于高速旋转的情况。因此，有刷直流电机在电动汽车上的应用受到了限制。

永磁无刷直流电机的转子采用永久磁铁，用电子换向装置代替有刷直流电机的机械换向装置，在其工作时直接将方波（梯形波）电流输入永磁无刷直流电机的定子中，控制电机的运转。永磁无刷直流电机具有很高的功率密度（比正弦波电机即永磁同步电机产生高 15% 左右的电功率）和宽广的调速范围，同时还具有高转速、高效率（比交流感应电机高 6%）、体积小、惯性低、响应快等优点。这些显著的优点使其非常适用于电动汽车的驱动系统，有极好的应用前景。但其价格较高，耐热性较差。

永磁同步电机是将永久磁铁代替他励同步电机的转子励磁绕组，定子则与普通同步电机一样，转子采用径向永久磁铁制成的多层永久磁铁，形成可同步旋转的磁极，如图 3.9 所示。三相永磁同步电机具有定子三相分布的绕组和永磁转子，在磁路结构和绕组分布上保证反电势波形为正弦波，为了进行磁场定向控制，输入定子的电压和电流也为正弦波。在新能源汽车领域，永磁同步电机得到广泛使用。通过控制电机的定子绕组输入电流频率，电动汽车的车速将最终得到控制。与其他类型的电机相比，永磁同步电机的最大优点是具有较高的功率密度与转矩密度。因此，相比于其他种类的电机，在相同质量与体积下，永磁同步电机能够为新能源汽车提供最大的动力输出与加速度。但是，永磁同步电机也有自身的缺点。转子上的永磁材料在高温、振动和过流的条件下，会产生磁性衰退的现象，因此在相对复杂的工作条件下，永磁同步电机容易损坏。此外，永磁材料价格较高，因此整个电机及其控制系统成本较高。目前国产新能源汽车也基本采用永磁同步电机。

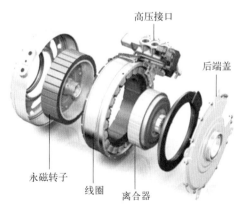

图 3.9　永磁同步电机结构示意

交流感应电机又称异步电机，通过定子产生的旋转磁场与转子绕组的相对运动，转子绕组切割磁感线产生感应电势，从而使转子绕组中产生感应电流。

转子绕组中的感应电流与磁场作用，产生电磁转矩，使转子旋转。交流感应电机也是较早用于电动汽车驱动的一种电机，其调速控制技术比较成熟，具有结构简单、体积小、重量轻、成本低、运行可靠、转矩脉动小、噪声低、转速极限高和不用位置传感器等优点，但因转速控制范围小、转矩特性不理想，不适合频繁启动、频繁加减速的电动汽车。美国以及欧洲研制的电动汽车多采用这种电机。

开关磁阻（Switch Reluctance，SR）电机也称可变磁阻（Variable Reluctance，VR）电机，是双凸极电机，如图 3.10 所示。其定子和转子的凸极均由普通硅钢片叠压而成。转子上既无绕组也无永磁体，定子上有集中绕组，径向相对的两个绕组连接起来，称为一相。开关磁阻电机的定子和转子的极数不同，有多种组合方式（表 3.1），形成不同相数的电机，目前应用较多的是四相（8/6）电机和三相（6/4）电机。此类开关磁阻电机具有结构简单、系统可靠、可在较宽转速和转矩范围内高效运行、可适用于频繁启停和正反向转换运行、可控参数多、调速性能好、响应速度快、效率高、损耗小以及成本较低等优点。但实际应用中发现，开关磁阻电机存在着转矩波动大、噪声和振动较其他电机大、需要多个出线头和位置检测器等缺点，所以其应用受到了限制。

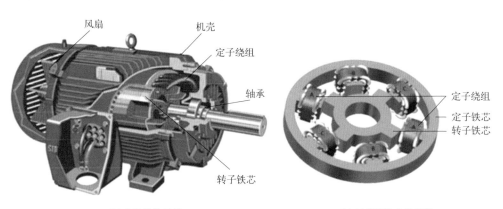

(a) 电机结构示意　　　　　　　　　　(b) 三相(6/4)凸极示意

图 3.10　开关磁阻电机

表 3.1　开关磁阻电机不同极数的组合方式

相数	3	4	5	6	7	8	9
定子凸极数	6	8	10	12	14	16	18
转子凸极数	4	6	8	10	12	14	16

上述几种电机各有优缺点，但是对于电动汽车而言，因为电能是由各类电池提供的，所以使用相对效率最高的永磁无刷电机是较为合理的，目前它已广泛应用于功率小于 100kW 的电动汽车上。

3.2.3　电子控制系统

燃料电池汽车电子控制系统的主要功能包括燃料电池系统控制、DC/DC 转换器控制、辅助储能装置能量管理、电机驱动控制和整车协调控制等，各控制功能模块通过总线连接。通过电子控制系统可以实现汽车的实时监控和协调控制。

在电动汽车的电子系统中，由于直流总线不可能满足性能各异、种类繁多的元器件对直流电源的电压等级、稳定性等要求，必须采用各种 DC/DC 转换器。DC/DC 转换器的直流输入电源来自系统中的电池或直流总线。对燃料电池汽车来讲，DC/DC 转换器的作用更为重要，是燃料电池汽车的关键设备。

一般来讲，燃料电池输出的电压比电动汽车的动力总线的电压要低，且随着输出电流的增加，电压下降幅度也较大。由于燃料电池的输出特性及其动态响应特性决定了直接利用燃料电池作为 FCV 的动力源有一定的困难，所以必须要由 DC/DC 转换器来实现燃料电池输出电压与动力总线电压匹配，如图 3.11 所示。

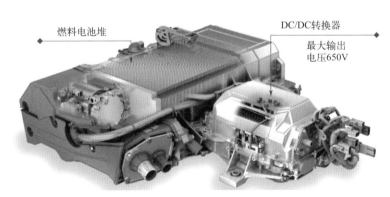

图 3.11　第一代丰田 Mirai 的 DC/DC 转换器

对于混合动力型燃料电池汽车而言，其动力系统通常采用燃料电池加动力蓄电池的混合结构。燃料电池的输出电压通常为 240 ～ 430V，且燃料电池的输出特性曲线的斜率较大，相反，由于较高的动力总线电压等级可以提高动力系统的效率并减小其体积和重量，动力蓄电池的标称电压一般设计在 380V 以上；而且由于动力蓄电池的充放电特性及其使用安全性的要求，动力蓄电池的端电压应在较小的范围内变化，所以燃料电池难以直接与动力蓄电池并联使用。解决方式就是在燃料电池的输出端串联一个 DC/DC 转换器，对燃料电池的输出电压进行升压变换和稳压调节，使 DC/DC 转换器输出端的电压与动力蓄电池的工作电压相匹配，并且控制燃料电池的最大输出电流和功率，起到保护燃料电池的作用。

混合动力型燃料电池汽车所采用的电源具有不同的特性，燃料电池只提供电能，电流的方向是单向的，而动力蓄电池和超级电容器在充放电时，电流方向是双向的。因此，在燃料电池与电机之间要设置单向 DC/DC 转换器，在动力蓄电池和超级电容器与电机之间要设置双向 DC/DC 转换器。图 3.12 所示为不同类型 DC/DC 转换器原理。

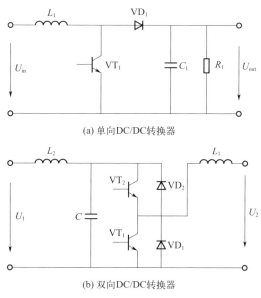

(a) 单向DC/DC转换器

(b) 双向DC/DC转换器

图 3.12　DC/DC 转换器原理

3.2.4　燃料供应系统

燃料电池用作汽车动力源时，也需要相应的辅助系统，因此，燃料电池汽车上的燃料电池系统也称为燃料电池发动机，主要由燃料电池堆、燃料供应系统、冷却系统、配电管理系统和控制器等组成。图 3.13 所示为宝马集团最新推出的 BMW iX5 Hydrogen 氢燃料电池汽车的燃料电池系统。其中，燃料供应系统包括供氢系统和供氧系统，如图 3.14 所示。

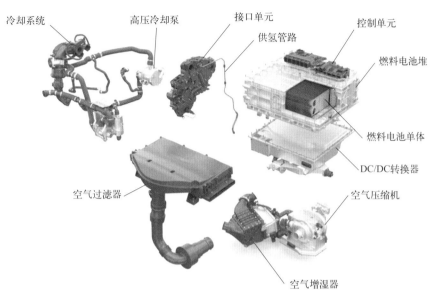

图 3.13　宝马集团 BMW iX5 Hydrogen 氢燃料电池汽车的燃料电池系统

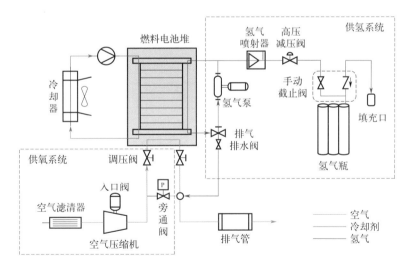

图 3.14　燃料电池堆的燃料供应系统示意

3.2.4.1　供氢系统

　　供氢系统的作用是给燃料电池提供压力稳定的氢气，并保证整个系统的使用安全。燃料电池汽车用供氢系统可分为车载制氢和车载纯氢两种形式。

（1）车载制氢

车载制氢是通过燃料处理器，利用重整或部分氧化等方式从碳氢燃料中获得氢。适合于车载制氢的燃料可以是醇类（甲醇、乙醇）、醚类（二甲醚）、烃类（柴油、汽油、甲烷等）。从技术上看，醇类燃料制氢的温度较低，制氢反应容易实现。其中甲醇通常作为最适合的车载制氢燃料。但重整制氢系统的应用面临很大的困难，主要是因为车辆行驶的动态过程对燃料的供应要求很严。汽车加速或上坡时，需要加大氢气供应量，而低速或等待交通信号时，则只需很少的氢气，这就需要重整器具有极好的动态响应特性，否则不能满足车辆的要求。而这对于重整器而言太难实现。目前使用的燃料电池大多采用质子交换膜燃料电池，其对燃料氢的要求极为苛刻，如 CO 含量要少于 5×10^{-6}，对于 SO_2 的要求要到 10^{-9} 数量级，即要基本达到国标中纯氢的级别（表 3.2），进一步加大了重整器实现的难度。由于以上两点，原本在地面上已经工业化的醇类重整制氢技术应用于车上就遇到难题。著名的原戴姆勒 - 克莱斯勒集团在其发展 Necar 系列燃料电池汽车的过程中曾推出过 Necar3 和 Necar5 甲醇重整车，但推出不久就停止了宣传，后来推出的燃料电池汽车中，均不采用甲醇重整方式，而采用车载纯氢方式。其他汽车公司的燃料电池汽车也采用车载纯氢方式。这些都说明醇类重整制氢技术不适合为 FCV 提供燃料。

表 3.2　氢气纯度的技术要求（GB/T 3634.2—2011）

项目		指标		
		超纯氢	高纯氢	纯氢
氢气（H_2）的纯度（体积分数）/10^{-2}	≥	99.99	99.999	99.9999
氧（O_2）含量（体积分数）/10^{-6}	≤	5	1	0.2
氩（Ar）含量（体积分数）/10^{-6}	≤	供需商定	供需商定	
氮（N_2）含量（体积分数）/10^{-6}	≤	60	5	0.4
一氧化碳（CO）含量（体积分数）/10^{-6}	≤	5	1	0.1
二氧化碳（CO_2）含量（体积分数）/10^{-6}	≤	5	1	0.1
甲烷（CH_4）含量（体积分数）/10^{-6}	≤	10	1	0.2
水分（H_2O）含量（体积分数）/10^{-6}	≤	10	3	0.5
杂质总含量（体积分数）/10^{-6}	≤	—	10	1

其他制氢方法中，氨作为制氢原料，成本高、有较大的腐蚀性，而且氨完全裂解温度高，因此，不适宜作为车载制氢燃料。而金属或金属氢化物水解制氢，由于其面临诸多的技术问题、高能耗、高成本以及原料制备过程中的高排

放，只能用于特殊场合，而不适合于大规模的汽车行业。

（2）车载纯氢

车载纯氢方案主要直接使用液态氢或气态氢两种，其他储氢技术如金属氢化物储氢，由于本身技术不过关，目前尚不能应用。储氢瓶一般置于底盘中部，或后排座椅的下方（传统内燃机轿车的油箱位置），并将储氢瓶分散存放。

❶ 高压氢气储存。采用车载高压储氢瓶储存高压氢气，是目前最简单和最常用的车载纯氢储存方法。世界已有的燃料电池大客车示范项目中，几乎无一例外地使用高压氢气。在其他燃料电池汽车中，使用高压氢气的也占了大多数。耐高压的储氢压力容器及材料是这种方法的关键。目前有可以供应35MPa压力的储氢瓶，也有更高压力的储氢瓶（如70MPa），容量一般为160L，储氢压力越高储氢量越大。现在各国燃料电池汽车基本采用这一方案，使用高压氢气的显而易见的好处是，由地面供应氢气，其质量能得到保证，不会发生氢气中的杂质使燃料电池"中毒"的严重事故。高压容器的密封性好，保存时间长。此外，储氢瓶的动态响应特性极好，可以通过调节阀门来控制氢气的用量，完全能满足燃料电池汽车的行驶要求。高压氢气的加注也特别方便，和现在汽车加汽油非常相似，加注也很快，几分钟即可加注完毕。其缺点是，由于使用储氢瓶，影响公众接受心理；将氢气压缩到高压也要花费能量。

一般的车载高压氢气储存系统由储氢瓶组、压力表、滤清器、减压阀、单向阀、电磁阀、手动截止阀及管路等组成。储氢瓶置于车顶（多用于大客车，如图 3.15 所示）或车底，既节省空间也增加安全性。

储氢瓶

丰田新一代氢燃料电池大客车SORA，
储氢瓶被放置在大客车顶部的前方

图 3.15　新一代丰田氢燃料电池大客车 SORA

❷ 液态氢储存。原戴姆勒 - 克莱斯勒集团研发的 Necar4 以及通用汽车公司研发的"氢动一号"燃料电池汽车均采用液态氢为燃料。理论上，在各种储氢方式中，无论是从体积密度还是质量密度的角度看，只有氢气以液态存储才能达到最高的存储密度。不过，由于低温容器的热漏损，液态氢的生产、储存、运输、加注以及氢气液化消耗的大量能量等问题，大规模在汽车上使用、携带液态氢是不可行的。液态氢的沸点太低（-253℃），即使用目前最好的保温液氢罐，每天也要约有 1% 的液态氢因漏热而蒸发，从而导致密闭容器中氢气的压力升高。为了保持液氢罐的安全，就必须通过安全阀将氢气排到大气中，损耗较大。

液态氢非常适合短时间使用，如发射航天飞机等（图 3.16），也适合连续不断地长期使用，蒸发的氢可以很快使用掉，不存在排空问题。而对于间断使用的交通工具，如家用轿车则不可行。有统计表明，家用轿车平均每天行驶 1h，大部分时间是停在那里。所以液态氢作为燃料很不合适。当然，液态氢的价格也会比气态氢高得多。液态氢最大的优点是体积能量密度大，适合汽车的要求，但相比其缺点来讲，还是弊大于利，现在燃料电池汽车使用液态氢的越来越少。

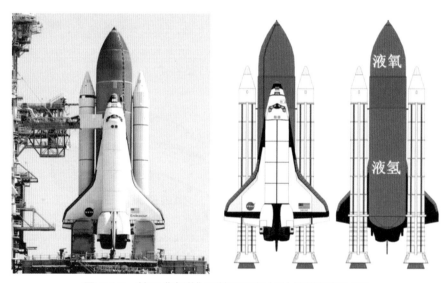

图 3.16　美国"奋进"号航天飞机与外挂燃料箱示意

3.2.4.2　供氧系统

燃料电池系统的正常工作也离不开供氧系统。供氧系统主要利用空压机为电堆输送特定压力及流量的洁净空气，为电堆反应提供必需的氧气。供氧系统一般包括空滤器、空压机、电动机、中冷器、增湿器、膨胀机及管道等，如图3.17所示。空压机的性能直接影响着燃料电池系统的效率、动态性能、噪声等关键性能指标。

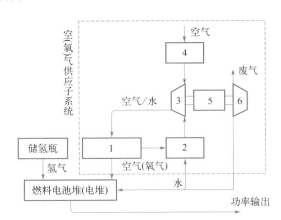

图 3.17　质子交换膜燃料电池供氧系统组成示意

1—水气分离装置；2—储水装置；3—空压机；4—空滤器；5—电动机；6—膨胀机

　　燃料电池专用空压机主要由压缩元件、驱动器、驱动压缩元件的机械设备等组成。目前，对于燃料电池专用空压机的基本要求主要包括效率高、体积小、无油、工作流量及压力范围大、噪声小、耐振动冲击、动态响应快等。针对这些需求，常见的空压机类型有螺杆式、罗茨式、离心式等。

　　（1）螺杆式空压机

　　螺杆式空压机利用螺杆之间形成的压缩腔来压缩空气，使用脂润滑轴承的无油螺杆压缩机能够保证供气中无油，包括单螺杆式空压机和双螺杆式空压机（图3.18）。螺杆式空压机的排气量几乎不受排气压力的影响，在较宽的范围内能保证电堆较高的效率。此外，喷水螺杆式空压机可以为系统提供部分用水，还可以降低供氧温度，避免水平衡由于环境或者温升而破坏，提高空压机的效率，增加燃料电池系统的能量密度，是比较理想的燃料电池专用空压机。螺杆式空压机缺点是噪声较大，体积也较大。戴姆勒公司早期在 Mercedes-Benz 的燃料电池汽车上主要采用螺杆式空压机。

　　（2）罗茨式空压机

　　罗茨式空压机属于容积回转压缩机，其主要零件包括转子、同步齿轮、机体、轴承及密封件等。罗茨式空压机工作原理如图3.19所示，由于转子不断旋转，被抽气体从进气口吸入转子与泵壳之间的空间内，经过转子的转动使气体

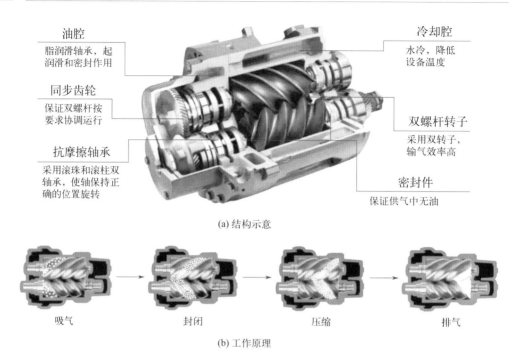

油腔
脂润滑轴承，起润滑和密封作用

同步齿轮
保证双螺杆按要求协调运行

抗摩擦轴承
采用滚珠和滚柱双轴承，使轴保持正确的位置旋转

冷却腔
水冷，降低设备温度

双螺杆转子
采用双转子，输气效率高

密封件
保证供气中无油

(a) 结构示意

吸气　　　　　封闭　　　　　压缩　　　　　排气

(b) 工作原理

图 3.18　双螺杆式空压机结构示意与工作原理

的压力升高，再经排气口排出。罗茨式空压机工作范围宽，结构简单、维修方便，使用寿命长、振动小，缺点是体积大，噪声很大，空气出口需要配备专门的消声装置。

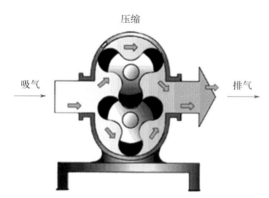

压缩

吸气　　　　　　　　　　　　　　排气

图 3.19　罗茨式空压机工作原理

罗茨式空压机的工作转速较低，可使用结构复杂的空气轴承；高效运行区较宽，可提高燃料经济性；技术已经相对成熟。丰田 Mirai 燃料电池汽车搭载

的是全新开发的六叶螺旋罗茨式空压机。如图 3.20 所示，与传统罗茨式空压机不同，丰田公司开发的罗茨式空压机，叶轮呈螺旋形，在低负载时流量约为100 L/min，在高负载时约为 5000L/min，最大压缩比约为 3。

图 3.20　丰田 Mirai 燃料电池汽车搭载的六叶螺旋罗茨式空压机

（3）离心式空压机

离心式空压机又称透平式空压机，它通过旋转叶轮对气体做功，利用离心升压和降速扩压作用，将机械能转换为气体压力能。其工作原理如图 3.21 所示，可以看出，气体进入离心式空压机的叶轮后，在叶轮叶片的作用下，一边随着叶轮高速旋转，一边在离心力的作用下向叶轮出口流动，并受到叶轮的扩压作用，其压力能和动能均得到提高，气体进入扩压室后，动能又进一步转化为压力能，而在叶轮处形成真空带，这时外界的气体进入叶轮。叶轮不断旋转，气体不断地吸入并排出，从而保持了气体的连续流动，从而为电堆连续提供符合压力要求的空气。

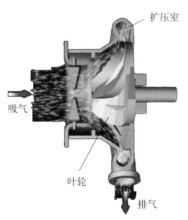

图 3.21　离心式空压机工作原理

离心式空压机具有结构紧凑、响应快、寿命长和效率高等特点，但在低流量时发生的喘振现象，会严重影响系统性能和使用寿命。

离心式空压机在效率、噪声、体积、无油、功率密度等方面表现出良好的综合效果，是未来燃料电池系统空压机的主流发展趋势。目前，本田、通用、现代以及上汽等公司在燃料电池系统中使用的空压机均为离心式，而丰田公司也在开发离心式空压机，在新一代 Mirai 燃料电池汽车中就采用了离心式空压机。

3.2.5 安全系统

由于氢气本身的特性，如泄漏性、爆炸性等，燃料电池汽车存在着一定的安全隐患，这种新能源动力系统的安全性成为人们首先关心的问题。安全问题涉及储氢安全、车载供氢系统的安全、燃料电池汽车发生氢气泄漏以及发生碰撞时的安全等。为了燃料电池汽车的推广使用，必须建立完善的安全系统。

（1）储氢安全

目前大多数燃料电池汽车都采用高压压缩储氢方法，但是要携带足够行驶 500 ～ 700 公里的高压气态氢，容器必须由能经受住高达 70MPa 以上压力的复合材料制成。

（2）车载供氢系统的安全

为了保证燃料电池汽车的安全稳定运行，需要一套安全有效的供氢系统。在燃料电池汽车上，车载供氢系统安全措施应从预防与监控两方面着手，设置包括电磁阀、手动截止阀、溢流阀、单向阀、过滤网、减压阀、安全阀、温度传感器、压力传感器等在内的辅助安全装置，这些装置很好地维护了车载供氢系统的安全性，如图 3.22 所示。

气瓶安全阀、温度传感器和压力传感器一般作为储氢瓶的附件安装在其出气口。当储氢瓶中氢气压力超过设定值后，可以通过气瓶安全阀自动泄压。例如，储氢瓶内的压力由于某种因素突然上升，压力超过安全阀设定值时，安全阀会自动泄压以保证储氢瓶处于安全的工作压力范围内。温度传感器用来检测储氢瓶内的气体温度，并将储氢瓶内气体的温度信号发送到驾驶室仪表盘上，通过气体温度的变化来判断外界是否有异常情况发生。例如，气体温度突然急剧上升，如非温度传感器故障，则在储氢瓶周围可能有火情发生。压力传感器主要用于判断储氢瓶中剩余的氢气量，以保证车辆的正常行驶，当压力低于某值时可以提示驾驶员加注氢气。同时，驾驶员可根据仪表盘上的压力读数判断储氢瓶是否有氢气泄漏发生。

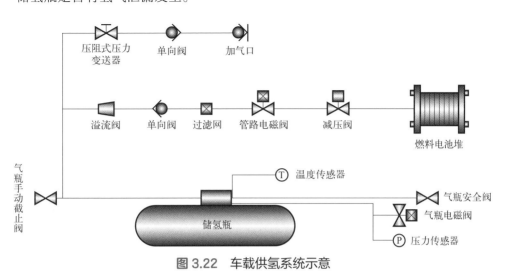

图 3.22　车载供氢系统示意

电磁阀包括气瓶电磁阀和管路电磁阀，气瓶电磁阀为低压直流电源驱动，无电源时处于常闭状态，主要起到开关储氢瓶的作用，与氢气泄漏报警系统联动，一旦泄漏氢气浓度达到保护值即自动关闭，从而达到切断氢气源的目的。气瓶手动截止阀通常处于常开状态，当气瓶电磁阀失效时能手动切断氢气源。气瓶电磁阀和手动截止阀联合作用，可以有效避免氢气的泄漏。管路电磁阀在给储氢瓶充气时，可有效防止气体进入电池。溢流阀在系统正常工作时，阀门关闭。只有当系统压力超过调定压力时才开启，进行过载保护，使系统压力不再增加。通常使溢流阀的调定压力比系统最高工作压力高 10% ～ 20%。单向阀在加气口或供氢管路损坏的情况下防止气体向外泄漏，并可延长加气口的使用寿命。过滤网可防止管路中的杂质进入燃料电池，以免损坏电池。减压阀将氢气的压力调节到电池所需的压力。当出现危险时气瓶安全阀可以将储氢瓶中的残余氢气安全放空。

（3）氢气泄漏安全

氢气比液体燃料和其他气体燃料更容易从小孔中泄漏。在空气中，氢气的燃点很低且燃烧范围很宽，一旦发生泄漏，氢气就会迅速扩散并发生燃烧甚至爆炸。因此，燃料电池汽车必须有整车氢安全系统。整车氢安全电气控制包括氢气泄漏检测系统和报警处理系统。一般氢气泄漏检测系统由安装在后备箱最高点、乘客舱、燃料电池发动机舱以及储氢瓶口的四个催化燃烧型传感器（图 3.23）和安装在车体下部的一套监控器组成，传感器实时监测车内的氢气浓度，当有任何一个传感器检测到的氢浓度超过氢气爆炸极限（空气中氢气的爆炸极限为 4% ～ 75.6%，体积分数）下限的 10%、30% 和 50% 时，监控器会分别发出不同等级的声光报警信号，同时通知报警处理系统采取相应的安全措施。

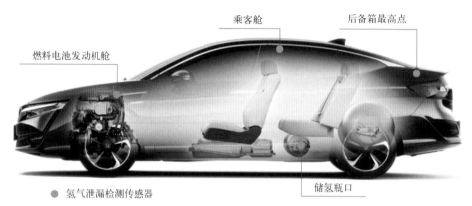

图 3.23　氢气泄漏检测传感器位置

对氢燃料电池汽车而言，四种失效会产生严重的氢气泄漏事故：燃料管路或元件的密封失效；储氢瓶上的流量计失效；监测氢气和关断氢气流量的氢气传感器系统失效；控制燃料电池氢气流量的计算机程序失效。因此，对燃料电池汽车的维护和保养非常重要，除了要定期进行载氢系统气密性检测，对管路进行定期保压试验，以减少氢气泄漏外，还要对传感器进行定期校正，以确保其正常工作。

（4）碰撞安全

燃料电池汽车碰撞安全性研究也极其重要。预防并保证燃料电池汽车在发生碰撞时，不会导致氢气泄漏、控制系统失效，以及电路起火，是在燃料电池汽车开发过程中必须考虑的安全性问题。

首先是储氢瓶保护，除了要防止储氢瓶在碰撞过程中直接受损，还要确保储氢瓶的固定支架和钢带应有足够的强度，以保证在碰撞过程中，储氢瓶的动态位移不会太大，避免造成连接管路的断裂、变形和氢气的大量泄漏（图3.24）。其次是控制系统，控制系统是整车控制策略的核心内容，它主要包括动力系统能量管理和功率平衡控制、动力系统各部件协调控制、容错控制和故障诊断、驱动电机转矩控制等，是实现整车动力组织和能量管理的保证，一旦控制系统失效，对整车的安全性会产生重大影响。此外，还要尽量避免电路起火，否则如果在碰撞过程中产生氢气泄漏，遇上明火，后果不堪设想。

图 3.24　捷氢科技 70MPa 燃料电池车载储氢系统的储氢瓶固定装置

3.3　燃料电池汽车关键技术

燃料电池汽车是一种电动汽车。电动汽车的关键能源动力技术包括电池技术、电机技术和电控技术。电池技术、电机技术和电控技术是电动汽车所特有的技术，这三项技术也是一直制约电动汽车大规模进入市场的关键因素。

3.3.1　电池技术

电池是电动汽车的动力源泉，也是一直制约电动汽车发展的关键因素。电动汽车用电池的主要性能指标是能量密度、功率密度、循环寿命和成本等。要使电动汽车能与燃油汽车相竞争，关键就是要开发出能量密度高、功率密度大、使用寿命长的高效电池。

电动汽车用电池经过了三代的发展，已经取得了突破性进展。第一代是铅酸电池，目前主要是阀控铅酸电池，其能量密度较高、价格低且能高倍率放电，是目前唯一能大批量生产的电动汽车用电池。第二代是碱性电池，有镍镉、镍氢、钠硫、锂离子和锂聚合物等多种电池，其能量密度和功率密度都比铅酸电池高，极大地提高了电动汽车的动力性能和续航里程，但其价格比铅酸电池高。第三代是以燃料电池为主的电池，燃料电池直接将燃料的化学能转变为电能，能量转化效率高，能量密度和功率密度都高，并且可以控制反应过程，能量转化过程可以连续进行，因此是理想的汽车用电池，但大多处于研制阶段，一些关键技术还有待突破。广泛应用于电动汽车的燃料电池是质子交换膜燃料电池，它以纯氢为燃料，以空气为氧化剂，不经历热机过程，不受热力循环限制，因此能量转化效率高，是普通内燃机热效率的 2～3 倍。同时，它还具有噪声低、无污染、寿命长、启动迅速、功率密度大和输出功率可随时调整等特性，使得 PEMFC 非常适合作为交通工具的动力源。

燃料电池技术的核心是提高燃料电池的功率密度，从而达到提高电池性能、减小电堆体积和降低电堆成本的目的。MEA 和双极板是 PEMFC 电堆的两大核心部件，决定了电堆的性能和成本。水热管理和低温启动技术对于电堆性能的实现和实际应用的推广也起到了至关重要的作用。对于车用电堆，低 Pt 载量催化剂和超薄质子膜是保证经济性和性能的最关键因素。目前，国际先进水平 Pt 载量已降至 0.125~0.15 g/kW，已接近 DOE 0.1 g/kW 的目标。新 ·代丰田 Mirai 已采用了 8μm 厚的质子交换膜。金属双极板的使用使电堆的体积功率密度更高（图 3.25），冷启动性能更好。如何实现更快的动态响应和更高的能量转化效率，还需要更多的工程实践与探索。

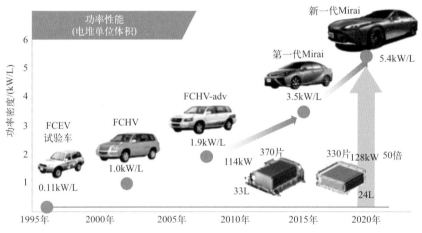

图 3.25　丰田 Mirai 电堆的进化

3.3.2　电机技术

电动汽车的特点决定了对所采用的电机必须具有严格的技术规范。为了提升最高车速，电机应有较高的瞬时功率和功率密度；为了增加单次充电续航里程，电机应有较高的效率；而且电动汽车是变速工作的，所以电机应具有较宽的调速范围和较高的高低速综合效率；此外，电机必须具有很强的过载能力、大的启动转矩并对转矩的需求能够快速响应。电动汽车启动和爬坡时速度较低，但要求转矩较大，正常运行时需要的转矩较小，而速度却很高。另外，电机还应体积小、重量轻、安全可靠，有一定的防尘防水能力，且成本不能过高。

　　由于目前常见的几种电机各有优缺点（表3.3），在国外已有越来越多的电动汽车采用性能先进的电动轮，又称轮毂电机。轮毂电机技术又称车轮内装电机技术，它用电机（多为永磁无刷电机）直接驱动车轮，其最大特点就是将动力、传动和制动装置都整合到轮毂内，如图3.26所示。由于无传统汽车的变速器、传动轴、驱动桥等复杂的机械传动部件，将电动车辆的机械部分极大地简化。除了结构更为简单，采用轮毂电机驱动的车辆可以获得更好的空间利用率，同时传动效率也要高出不少。此外，轮毂电机具备单个车轮独立驱动的特性，因此，无论是前驱、后驱还是四驱形式，它都可以比较轻松地实现，全时四驱在轮毂电机驱动的车辆上实现起来非常容易。同时，轮毂电机可以通过左右车轮的不同转速甚至反转实现类似履带式车辆的差动转向，极大地减小了车辆的转弯半径，甚至可以实现原地转向。

表3.3　常见的几种电机优缺点比较

电机类型	优点	缺点	应用现状
直流电机	成本低、易控制、调速性能良好	转速低、功率密度低、体积大、可靠性差、维护频繁	已淘汰
交流感应电机	结构简单、可靠性好、成本易控制	体积较大、效率低、调速性能差	主要应用于欧美产的新能源汽车，如Tesla
永磁同步电机	效率高、结构简单、体积小、重量轻	成本较高，在高温振动和过流条件下会产生磁性衰退	主要应用于国产、日产新能源汽车，如荣威E50
开关磁阻电机	结构简单坚固、可靠性高、重量轻、成本低、温升低、易于维修	转矩波动大、控制系统复杂、噪声大	主要应用于电动大客车

　　无论是纯电动汽车还是燃料电池汽车，都可以用轮毂电机作为主要驱动力，即便是对于混合动力车型，也可以采用轮毂电机作为起步或者急加速时的助力。当然，轮毂电机也存在一些缺点：由于簧下质量和轮毂转动惯量的增大影响了车辆的操控性；电制动性能有限，维持附加的机械制动系统运行需要消耗更多的电量；轮毂电机工作的环境恶劣，对密封方面也有较高要求，同时在设计上还需考虑轮毂电机的散热问题。

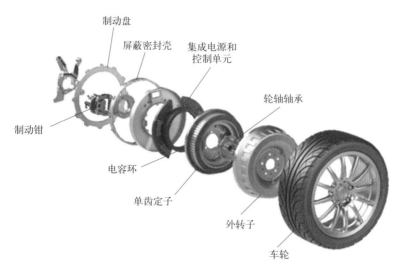

制动盘

屏蔽密封壳

集成电源和
控制单元

轮轴轴承

制动钳

电容环

单齿定子

外转子

车轮

图 3.26 Protean Electric 公司的轮毂电机分解图

3.3.3 电控技术

电动汽车的变速和电机旋向变换是靠电机控制装置来完成的，其原理是通过控制电机的电压和电流来实现电机的驱动转矩和旋转方向的控制。早期电动汽车上应用较广泛的是晶闸管斩波调速装置，通过均匀改变电机的端电压，控制电机的电流，来实现电机的无级调速。在电子电力技术的不断发展中，该装置逐渐被其他半导体功率器件斩波调速装置所取代，其中常用的车用半导体功率器件主要包括以 VDMOS 为代表的功率 MOS 器件（MOSFET）、绝缘栅双极晶体管（IGBT）和双极功率晶体管（BJT）。从技术的发展来看，伴随着新型驱动电机的应用，电动汽车的调速控制转变为直流逆变技术的应用将成为必然的趋势。

在驱动电机的旋向变换控制中，直流电机依靠接触器改变电枢或磁场的电流方向，实现电机的旋向变换，这使控制电路复杂、可靠性降低。当采用交流异步电机驱动时，电机旋向的改变只需变换磁场三相电流的相序即可，可使控制电路简化。此外，采用交流电机及其变频调速控制技术，使电动汽车的制动能量回收控制更加方便，控制电路更加简单。

21 世纪以来，由感应电机驱动的电动汽车大多采用矢量控制和直接转矩控制。矢量控制又有最大效率控制和无速度传感器矢量控制：前者使励磁电流随着电机参数和负载条件而变化，从而使电机的损耗最小、效率最大；后者利用电压、电流和电机参数估算速度，不使用速度传感器，从而达到简化系统、降低成本、提高可靠性的目的。直接转矩控制克服了矢量控制中解耦的问题，把转子磁通定向变换为定子磁通定向，通过控制定子磁链的幅值以及该矢量相对于转子磁链的夹角，从而达到控制转矩的目的。由于直接转矩控制手段直接、结构简单、控制性能优良和动态响应迅速，非常适合电动汽车的控制。

随着电机及驱动系统的发展，控制系统趋于智能化和数字化。变结构控制、模糊控制、神经网络、自适应控制、专家系统、遗传算法等非线性智能控制技术，都将独立或结合应用于电动汽车的电机控制系统。它们的应用将使系统结构简单，响应迅速，抗干扰能力强，参数变化具有抗变换性，可极大地提高整个系统的综合性能。

3.4 燃料电池汽车的类型

1994 年，世界上第一辆燃料电池汽车——奔驰 Necar 1 问世（图 3.27），Necar 1 基于梅赛德斯·奔驰 MB 100 面包车打造，该车的燃料电池系统由巴拉德的 12 个质子交换膜燃料电池堆组成，输出为 50kW，总质量达到了 800kg，整个货厢被电堆系统和测试设备填满，几乎没有其他多余的空间，直到 1996 年，戴姆勒 - 奔驰公司向公众展示了世界上第一台燃料电池驱动的乘用车 Necar 2（图 3.28），实现了从"运堆"到"运人"的跨越，验证了质子交换膜燃料电池汽车的技术可行性和可用性，引领了燃料电池汽车技术的发展。目前，被用于汽车驱动电源的主要是 PEMFC 和 SOFC 两种燃料电池。

图 3.27　奔驰首款燃料电池汽车——Necar 1

图 3.28　奔驰燃料电池乘用车 Necar 2

3.4.1　质子交换膜燃料电池汽车

3.4.1.1　发展概况

PEMFC 是目前燃料电池汽车的首选技术，具有功率密度高、工作温度低、启动快等特点。自 20 世纪 90 年代以来，燃料电池汽车的研发在国际范围内蓬勃兴起。从 2008 年以来，燃料电池的主要瓶颈——成本和寿命取得了重要的进展。

欧美在燃料电池汽车的研发和示范方面启动较早，美国在其能源部（DOE）、交通部（DOT）和环保局（EPA）等政府部门的支持下，燃料电池汽车技术取得了很大的进步。通用、福特、丰田、戴姆勒-奔驰、日产、现代等整车企业均在美国加利福尼亚州参加燃料电池汽车的技术示范运行，并培育了美国的 UTC（联合技术公司）、加拿大的 Ballard 公司等国际知名的燃料电池研发和制造企业，目前 Ballard 最新一代燃料电池产品电堆功率密度达到 4.2kW/L，冷启动能力为 $-20℃$，寿命预计超过 30000h（以性能衰退 20% 作为寿命终点）。欧洲在燃料电池客车示范运行方面进行了大量的工作，力争使燃料电池和氢气技术成为未来欧洲能源和运输系统的支柱之一。2009 年，梅赛德斯-奔驰汽车公司推出的第二代轮毂电机驱动的燃料电池客车（图 3.29），主要性能达到了国际先进水平，其经济性大幅度改善，燃料电池耐久性达到 13500h。

目前从全球范围看，日本和韩国的燃料电池研发水平处于全球领先地位，尤其是丰田、日产和现代汽车公司，在燃料电池汽车的耐久性、寿命和成本方面逐步超越了美国和欧洲的技术水平。

丰田汽车公司的 2008 版 FCHV-adv 在实际测试中，实现了在 $-37℃$ 顺利启动，一次加氢续航里程达到了 830 公里，单位里程耗氢量 0.7kg/（100km），相

图 3.29　梅赛德斯 – 奔驰 Citaro 燃料电池客车

当于汽油 3L/（100km）。2014 年年底丰田公司在日本正式上市销售名为 Mirai 全新燃料电池汽车，售价折合人民币 43.2 万元（不计政府补贴）。新一代 Mirai 于 2020 年底全球上市，该车搭载的燃料电池系统在第一代的基础上进行了大幅改进和优化，在轻量化、布置紧凑性、集成度等各方面均有明显提升和改善（图 3.30），3 分钟即可加满氢气，续航里程可接近 800 公里。

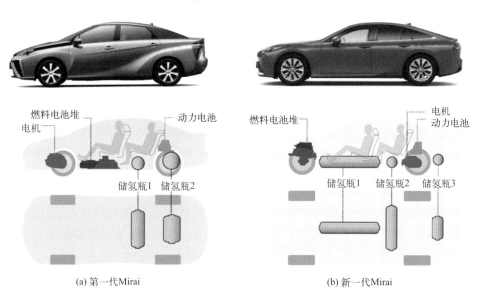

(a) 第一代Mirai

(b) 新一代Mirai

图 3.30　丰田汽车公司两代 Mirai 的结构对比

　　和丰田汽车公司类似，日产汽车公司也投入巨资开展燃料电池堆和轿车的研发，2011 年日产汽车公司研发的燃料电池堆，功率 90kW，质量仅 43kg。2012 年，日产汽车公司研发的燃料电池堆功率密度达到了 2.5kW/L，这在当时是国际最高水平。另外，本田汽车公司新开发的 FCX Clarity 燃料电池汽车，

能够在 −30℃顺利启动，续航里程达到 620 公里，2014 年，本田汽车公司宣布的新一代燃料电池堆功率密度也达到 3kW/L，于 2016 年 3 月正式推出一款名为 Clarity 的燃料电池汽车，并以租售的形式上市（图 3.31）。

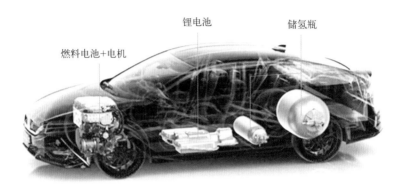

锂电池 　储氢瓶

燃料电池+电机

图 3.31　本田汽车公司全新 Clarity 燃料电池汽车

韩国现代汽车公司从 2002 年开始研发燃料电池汽车，2005 年采用 Ballard 公司的电堆组装了 32 辆运动型多功能车（Sports Utility Vehicle，SUV），2006 年推出了自主研发的第一代电堆，组装了 30 辆 SUV 和 4 辆大客车，并进行了示范运行；2009 年至 2012 年，开发了第二代电堆，装配 100 辆 SUV，开始在国内进行示范和测试，并对电堆性能进行改进；2012 年，推出了第三代燃料电池 SUV 和客车，开始全球示范；2013 年，韩国现代汽车公司宣布将提前两年开展千辆级别的燃料电池 SUV 生产，在全球率先进入燃料电池千辆级别的小规模生产阶段。该 SUV 采用了 100kW 燃料电池、24kW 锂离子电池、100kW 电机、70MPa 储氢瓶（可以储存 5.6kg 氢气），新欧洲行驶循环（New European Drive Cycle，NEDC）的循环工况续航里程 588 公里，最高车速 160km/h。韩国现代汽车公司在 2014 年夏季推出了 Tucson 燃料电池汽车，不过暂时只有美国加利福尼亚地区有售，首批仅 100 辆。2021 年，现代氢动力 SUV——Nexo 正式上市（图 3.32）。该车采用了第四代氢燃料电池技术，氢气充满仅需 5 分钟，续航里程达到了 609 公里。

当前我国燃料电池技术发展进入加速阶段，各项性能指标快速提升，已经与国际先进水平差距不大。石墨双极板燃料电池堆功率密度普遍达到 4kW/L，寿命达到 15000h（以性能衰退 20% 作为寿命终点），金属双极板燃料电池堆功率密度达到 5kW/L，寿命达到 10000h（以性能衰退 20% 作为寿命终点），石墨双极板和金属双极板燃料电池冷启动能力均达到 −30℃。同时，逐步建立了关键材料与零部件的自主产业链体系，成本快速下降，电堆成本降到 2000 元 /kW 以下，系统成本降到 5000 元 /kW 以下，在技术指标上已经具备了商业化应用的基本条件。

图 3.32　现代汽车公司最新燃料电池汽车 Nexo

图中标注：高压电池、储氢瓶、空气供给系统、燃料电池堆、加湿器

燃料电池汽车具有加注快、续航里程长的特点，特别适用于长途、重载商用车，如重卡、客车、物流车等；另外，燃料电池汽车的推广需要巨大的氢能基础设施建设投入，而商用车行驶路线比乘用车简单，对加氢基础设施的要求更低，因此，我国选择了以商用车示范运营作为燃料电池商业化进程的起点，这一战略至今已取得了显著成效。

自北京奥运会、上海世博会以来，我国以商用车为主的示范运营规模不断扩大，特别是在公共交通和物流领域积累了丰富的推广运营经验。在各地政府、企业的大力推动下，截至 2022 年，我国燃料电池汽车保有量为12682 辆，约占世界燃料电池汽车总保有量的 18.8%，预计到 2025 年，我国燃料电池汽车保有量将达到 50000 辆（图 3.33）。我国凭借规模市场优势，

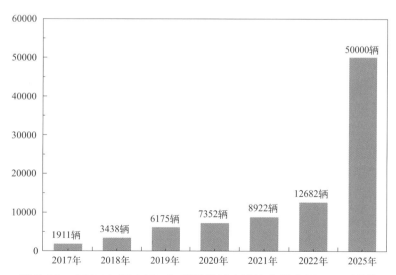

图 3.33　2017 年至 2025 年我国燃料电池汽车保有量及预测趋势

积极推动氢能产业发展，目前已形成了氢能和燃料电池产业发展的三大领跑示范区域，包括以上海、如皋、常熟（图3.34）、张家港和嘉善等地为代表的长三角示范区，以张家口为代表的京津冀示范区和以佛山、云浮等地为代表的珠三角示范区。

图 3.34　氢燃料电池公交车投运

3.4.1.2　研究重点

从发达国家的燃料电池汽车发展现状看，全球主要汽车公司大多已经完成了燃料电池汽车的基本性能研发，解决了若干关键技术问题，整车性能、可靠性、寿命和环境适应性等各方面均已达到了和传统汽车相媲美的水平。随着这些发达国家的燃料电池汽车技术日趋成熟，提高功率密度、低温冷启动等问题已经基本解决，研究重点逐渐转移到延长燃料电池寿命、降低燃料电池系统成本以及大规模建设加氢基础设施，推广商业化的示范上。

（1）延长燃料电池寿命

燃料电池寿命是制约燃料电池汽车商业化的重要影响因素。国外燃料电池客车的寿命取得了明显突破，2011年美国燃料电池混合动力公共汽车实际道路示范运行单车寿命超过$1.1×10^4$h；德国戴姆勒集团2009年推出的第二代轮毂电机驱动的燃料电池客车，寿命达到$1.35×10^4$h。但轿车的寿命不超过5000h，因此，国外下一代技术的研发重点仍然聚焦于如何延长燃料电池的寿命。

影响燃料电池寿命的因素很多，从电极材料到电堆结构，从燃料电池系统到燃料电池汽车动力系统，最后到燃料电池汽车整车，每个方面的设计合理性都直接影响着燃料电池的最终寿命。

（2）降低燃料电池系统成本

图 3.35 所示为燃料电池系统零部件成本比例。在整个燃料电池系统的成本中，电堆占总成本的三分之二；而在电堆的总成本中，膜电极的成本占一半以上，膜电极的主要成本是含铂等贵金属催化层（46%）。由此可见，电堆中最主要的成本源于与膜电极相关的原材料的成本。持续的原材料研究与开发，是实现电堆成本控制的重要方式。

除了通过燃料电池原材料的持续研究实现成本控制，简化和集成燃料电池系统的研究也是降低成本的重要途径。国外最先进的技术是实现空压机及其控制器的一体化，DC/DC 等电力电子器件的一体化；同时，简化系统零部件，去掉增湿器，减少传感器；在确保系统稳定的情况下，降低系统成本，降低系统故障率。

车用燃料电池系统的另外一个重要成本因素是高压储氢瓶及电磁阀的成本。随着燃料电池堆的成本下降，高压储氢瓶及电磁阀的相对成本明显提高，丰田公司通过先进的碳纤维缠绕复合瓶的研制，大幅度降低了 70MPa 储氢瓶的成本，实现了储氢系统的低成本。

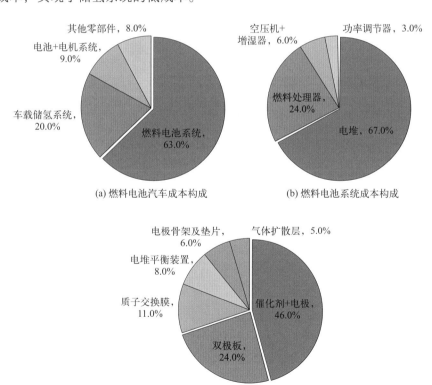

(a) 燃料电池汽车成本构成　　　　(b) 燃料电池系统成本构成

(c) 燃料电池堆模块成本构成

图 3.35　PEM 燃料电池系统零部件成本比例

（3）大规模建设加氢基础设施

与纯电动汽车相比，燃料电池汽车可以像普通内燃机汽车一样迅速补充燃料后继续使用。然而与遍布全球的加油站相比，目前投入使用的加氢站很难满足燃料电池汽车推广的需求。从目前国际上公布的加氢站来看，到 2022 年年底，全球投入示范运行的加氢站仅 814 座。另外，我国在加氢站的站内制氢，尤其是利用可再生能源制氢技术方面与国外还存在很大差距。

我国于 2020 年发布的《节能与新能源汽车技术路线图 2.0》中提出，到 2030 年，我国商用车燃料电池系统寿命预计达到 30000h，冷启动温度预计达到 −40℃，商用车系统成本预计低于 1000 元 /kW。

3.4.2 固体氧化物燃料电池汽车

虽然 PEMFC 在低温快速启动、功率密度、能量转化效率等方面的优越性能使其成为运载工具的首选电源，但是由于 PEMFC 只能使用纯氢气作为燃料气，其供应是个大问题，必须建立像现在的汽车加油站一样的供应链，这将极大地降低 PEMFC 汽车的推广使用程度。此外，由于制造工艺及使用贵重稀有金属作为催化剂材料，其制造成本很高，不利于 PEMFC 的市场化。而 SOFC 是一种全陶瓷结构燃料电池，其能量转化效率高，操作方便，无腐蚀，与 PEMFC 相比，燃料适用面广，可以用煤气、天然气、石油气、沼气、甲醇等重整作为燃料气，也可以直接采用天然气、汽油、柴油作为燃料。不采用贵金属催化剂，且不存在直接甲醇燃料电池（DMFC）的液体燃料渗透问题。同时，当 SOFC 汽车的能量耗尽后，不用像传统的蓄电池电动汽车那样需要长时间充电，而只需补充燃料即可继续工作，这一点对汽车驾驶者来说尤为方便。因此，无论是从技术上还是从成本上来看，低温 SOFC 汽车在未来的汽车发展中会占有一席之地。SOFC 在汽车上的应用主要有以下 3 个方面。

（1）作为车用辅助电源

SOFC 作为车用辅助电源（Auxiliary Power Unit, APU）具有很好的应用前景。目前，一些大的汽车生产商如奔驰、宝马、丰田以及通用汽车公司均已成功地将 SOFC 系统用于汽车上，作为辅助设备如空调系统、加热器、电视、收音机、计算机和其他用电器的供能系统，这样可以减少蓄电池和发动机的负荷。

加拿大的 Global 公司 2004 年已经开始向市场提供 5kW 的 SOFC 汽车辅助电源。城市公交车或出租车行驶速度慢，而且经常停车，当发动机处于怠速状态时，不但浪费能量，而且增加排污。当遇到这种情况时，可以让发动机熄火，使用 SOFC 为汽车空调等辅助设备提供能量，这将极大地降低城市公交系统的排污。丹麦的 Topsoe Fuel Cell 公司则是欧洲走在 SOFC- APU 技术开发前列的公司，在欧盟燃料电池和氢能联合组织（FCH JU）的 DESTA 项目的资助下，该公司与 AVL、Eberspächer、Volvo 和 Forschungszentrum Jülich 合作，研发的 SOFC - APUs 可通过传统燃料以 30% 的发电效率提供 3kW 的电力输出，该项目通过 Volvo 提供的 8 级重型卡车进行示范性运行（图 3.36）。该卡车总共行驶了约 2500 公里，并在各种条件下进行了测试，如性能表征、耐久性、负载循环、振动和盐雾等，运行非常可靠且噪声低。

图 3.36　安装 SOFC-APUs 的示范重型卡车

（2）与蓄电池组成混合动力

随着 SOFC 研究的进展，采用新型低温固体电解质和高活性的电极材料，使其工作温度降至 500℃ 以下，若将其再与蓄电池或超级电容器联用，就可作为汽车的动力源。SOFC 可以增加电动汽车的续航里程到 400 ～ 650 公里或更高（增加的续航里程由油箱的尺寸决定）。

微管结构的设计有利于实现 SOFC 的小型化、低温化、便携化、移动化，拓宽了其应用领域。在电动汽车用动力电源方面，MT-SOFC（微管式 SOFC）具有潜力替代当前的质子交换膜燃料电池发动机。特别是将其与 Na-S 电池或 Zebra 电池等储能电池结合，形成新型全固态陶瓷电池发动机的电动汽车概念（图 3.37），为非铂燃料电池汽车的研究拓展了一条新思路，不仅可以完全摆脱车载燃料电池系统对铂的依赖，而且其功率密度将比质子交换膜燃料电池高 2 ～ 3 倍，甚至可以直接为电动汽车加充汽油、醇类、液化气等含碳液态燃料，从而摆脱对纯氢燃料的依赖。

（3）直接作为车用动力源

SOFC 直接作为汽车的动力源时，相对于 PEMFC 汽车，SOFC 汽车在寒冷气候下的续航里程和效率不受影响。2011 年，马里兰大学能源研究中心通过改变固体电解质的材料和电池的设计，制造出体积更加紧凑的 SOFC 新电池，在

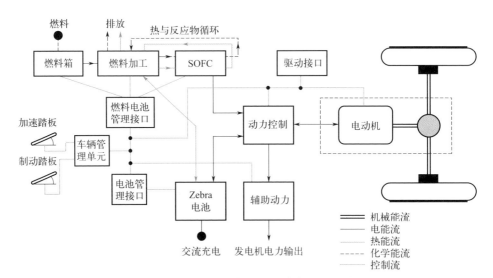

图 3.37　SOFC/Zebra 电池混合电动汽车的模块结构设计

同等体积下的发电效率是普通 SOFC 的 10 倍，在产生相同电量的情况下体积又要比汽油发电机小，换算下来，一个 10cm×10cm 的新电池就可以替代原先体积庞大的电池组驱动电动汽车。

2016 年 8 月，日产公司在巴西推出了世界首款由 SOFC 驱动的原型车 e-Bio Fuel-Cell，如图 3.38 所示。该车配备一个 24kWh 的电池和一个 30L 的燃料箱，使用生物乙醇而不是液态氢作为燃料。乙醇经重整器产生氢，在 SOFC 中与空气中的氧结合，产生电能，排出水。日产公司称，该系统比现有的氢燃料电池系统更高效，续航里程约 600 公里。

目前，我国能源的发展将兼顾经济性和清洁性的双重要求，尽量减少能源开发利用给环境带来的负面影响，努力实现能源与环境的协调发展。因此，具有能量密度高、燃料范围广和结构简单等优点的 SOFC 是其他燃料电池无法比拟的。随着 SOFC 的生产成本和操作温度进一步降低，碳氢燃料的直接利用，能量密度的增加和启动时间进一步缩短，可以预见，SOFC 在今后的新能源汽车发展中有非常广阔的发展前景。然而，SOFC 应用于新能源汽车依然面临着严峻的挑战，目前 SOFC 研究总的趋势是实现 SOFC 的低温化、低成本以及对燃料气的高催化活性，发展新型材料和新型的制备技术，只有这样才能降低 SOFC 的成本，从而实现作为新能源汽车动力的 SOFC 的商业化生产。在目前的 SOFC 研究开发中，面临着密封难度大、电堆的热管理复杂、启动慢等关键问题。虽然 SOFC 从其在汽车方面的应用前景来看要优于 PEMFC，但由于其诸多技术还有待解决，短期内还很难达到 PEMFC 在电动汽车上应用的高度。

(a) 原型车

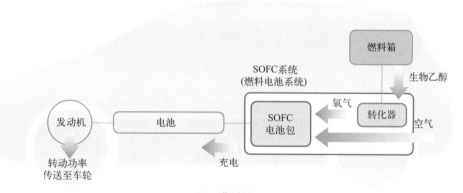

(b) 工作原理

图 3.38　世界首款由 SOFC 驱动的原型车 e-Bio Fuel-Cell 及其工作原理

第 **4** 章

氢能与氢气加注站

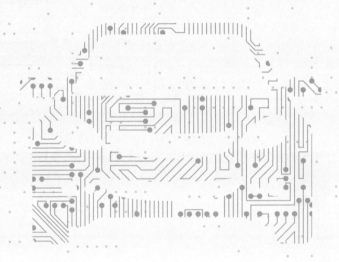

目前影响燃料电池大规模应用的因素除了燃料电池本身存在的问题,另一个主要障碍是氢燃料的制备和储存问题。因为氢气的制备是氢能应用的基础,氢气的储存是氢能能否得到规模应用的关键。

4.1 氢的基本性质

氢通常的单质形态是氢气,在通常情况下,氢气为气态,无色无味,极难溶于水,扩散速度快且导热性好。在标准大气压下,将氢气冷却至 −252.77℃可以将其液化,进一步冷却至 −259.2℃时转化为白色雪花状固体。

常温下,氢气的性质很稳定,不容易与其他物质发生化学反应。但当条件改变时(如点燃、加热、使用催化剂等),氢气就会变得活泼,并与许多物质发生化学反应。氢气是一种极易燃的气体,在一定条件下与氧气反应显示可燃性。氢气与电负性大的元素或部分氧化物反应显示还原性,与活泼金属单质反应常显示氧化性,氢气在催化剂的存在下还能与大部分有机物进行加成反应。

(1)可燃性

氢气的燃点只有 574℃,在空气中的体积分数为 4% ～ 75% 时都能燃烧。纯净的氢气在空气中能稳定地燃烧,与空气中的氧气发生了化合反应,产生淡蓝色的火焰(图 4.1),生成了水并放出大量的热。

$$2H_2+O_2 \xrightarrow{\text{点燃}} 2H_2O$$

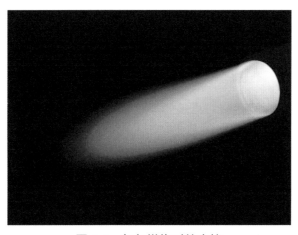

图 4.1 氢气燃烧时的火焰

（2）还原性

氢气能与很多非金属反应，氢通常失去一个电子，化合价为 +1 价。氢气可将卤素还原为负价的离子。例如，氢气在光照条件下可与氯气反应，生成氯化氢气体。

$$Cl_2+H_2 \xrightarrow{\text{光照}} 2HCl$$

另外，氢气在 250℃时可以直接与硫或硒发生化合反应；高温、高压下，与氮气在催化剂作用下反应生成氨气，工业常常采用这种方法制备氨气。

$$N_2+3H_2 \xrightarrow[\text{催化剂}]{\text{高温、高压}} 2NH_3$$

高温下许多金属氧化物中的氧可以被氢夺取，从而实现金属元素的还原，在金属活泼性顺序表中，一般排在铁之后的金属元素都可以通过还原其氧化物的方法来制备纯金属。例如：

$$Fe_3O_4+4H_2 \longrightarrow 3Fe+4H_2O$$

此外，许多卤化物、硫化物或盐类也能被氢气还原，从而生成金属或非金属单质。例如：

$$SiCl_4+2H_2 \longrightarrow Si+4HCl$$

$$CuCl_2+H_2 \longrightarrow Cu+2HCl$$

$$FeS_2+2H_2 \longrightarrow Fe+2H_2S$$

（3）氧化性

氢气对活泼的金属常显示氧化性，因为氢气是由氢原子共价形成的双原子分子，而每个氢原子可以分别获得一个电子形成负氢离子。例如，氢气与金属锂在加热条件下生成氢化锂：

$$2Li+H_2 \xrightarrow{\text{加热}} 2LiH$$

其实，高温下多数金属可直接与氢气反应生成金属氢化物，包括碱金属、碱土金属（除镁和铍外）、部分稀土金属和钯、铌等。此外，过渡金属铁、镍、铬及铂系金属能按照确定的化学计量比吸收氢气。

（4）与有机物的加成反应

加成反应是一种有机化学反应，它发生在有双键或三键的物质中，加成反应进行后重键打开，原来重键两端的原子各连接上一个新的基团，加成反应一般是两分子反应生成一分子，类似于无机化学中的化合反应。根据机理，加成反应可以分为亲核加成、亲电加成、自由基加成和环加成。加成反应还可分为顺式加成和反式加成。

在催化剂作用下，氢气可与不饱和烃发生加成反应生成对应的烷烃或烯烃。例如：

$$HC \equiv CH + 2H_2 \xrightarrow[\text{Pt}]{\text{加热}} CH_3CH_3$$

$$HC \equiv CH + H_2 \xrightarrow[\text{Lindlar催化剂}]{\text{加热}} CH_2 = CH_2$$

此外，苯环里面的大 π 键也可以与氢气加成，形成环己烷；一些含有碳氧双键的官能团（酯基和羧基除外）也能和氢气发生加成反应。

4.2 氢气的制取

根据制备氢气的原料不同，氢气的制备方法可分为非再生制氢和可再生制氢，前者的原料是化石燃料，后者的原料是水或可再生物质。目前应用较多的制氢方法有以下几种。

4.2.1 化石能源制氢

虽然化石能源储量有限，制氢过程会对环境造成污染，但是在今后相当长时期内利用烃类等化石能源制氢仍将是氢气的主要来源。利用天然气和裂解石油气等烃类混合物制氢是现在大规模制氢的主要方法，目前全球商用氢大约有96%是由天然气、煤和石油等化石能源制取的。

4.2.1.1 天然气制氢

天然气是重要的气态化石燃料，其主要成分是烷烃，其中甲烷占绝大多数，另有少量的乙烷、丙烷和丁烷，此外一般有硫化氢、二氧化碳、氮气、水蒸气和少量一氧化碳及微量的稀有气体，如氦气和氩气等。天然气制氢的方法主要有水蒸气重整制氢、天然气部分氧化重整制氢、裂解制氢。

（1）水蒸气重整制氢

如图4.2所示，天然气经过预处理送到转化炉对流段预热以后，经脱硫处理与水蒸气混合再进入转化炉对流段加热到400℃以上，然后进入反应炉，在催化剂作用下发生蒸汽转化反应和部分CO变换反应，生成氢以及其他副产品，出口温度为 780℃ 左右，含氢量为 70% 的转化气经废热锅炉回收热量，冷却后送入甲烷化提纯单元，最后得到氢气产品。烃类混合物与水蒸气反应制氢是一个多种平行反应和串联反应同时发生的复杂过程，主要包括转化和变换两类反应。转化反应的反应式为

$$C_nH_m+nH_2O \xrightarrow{\text{催化剂}} nCO+\left(n+\frac{m}{2}\right)H_2$$

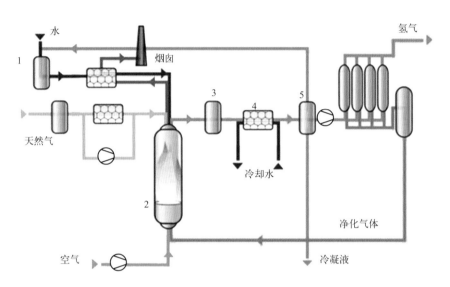

图 4.2　天然气水蒸气重整制氢流程

1—进料预处理；2—重整和蒸汽生成；3—高温转化；4—热交换单元；5—氢气纯化

对于甲烷而言，其氢碳比（$m:n=4:1$）最高，因此用甲烷作为生产氢气的原料最为理想。甲烷经过转化反应生成 CO 和 H_2，转化反应产物中的一氧化碳与水经变换反应生成氢气和二氧化碳。该制氢技术中所发生的基本反应如下。

转化反应　　　　　　　　　$CH_4+H_2O \xrightarrow{\text{催化剂}} CO+3H_2$

变换反应　　　　　　　　　$CO+H_2O \xrightarrow{\text{催化剂}} H_2+CO_2$

总反应　　　　　　　　　　$CH_4+2H_2O \xrightarrow{\text{催化剂}} CO_2+4H_2$

该反应过程中，转化反应为强吸热反应，变换反应为放热反应，转换反应吸收的热量超过变换反应放出的热量，因此，整个过程是吸热的。为了提高烃类的转化率，转化反应在高温下进行，但高温不利于变换反应的进行，因此转

化气的产物中含有较多的一氧化碳。此外，由于受到化学平衡和生产工艺的影响，一般一次转化不能将甲烷完全转化，有 3% ~ 4% 的甲烷会残余在转化气中，甚至有时高达 8% ~ 10%，因此，需要二次转化。这种方法的设备规模大、成本较高。

（2）天然气部分氧化重整制氢

天然气部分氧化重整制氢分为直接部分氧化重整制氢和催化部分氧化重整制氢两种方式。直接部分氧化重整制氢需要在高温下进行。天然气氧化反应的生成物一般随反应物中氧含量和反应条件的不同而变化：当氧含量为 10% ~ 20% 时，在 50 ~ 300atm 下主要生成甲醇、甲醛和甲酸；当氧含量为 35% ~ 37% 时，可以得到乙炔；当氧含量继续增加时，主要生成的是一氧化碳和氢气；如果氧气过量则发生完全反应，生成二氧化碳和水。天然气部分氧化制氢的主要反应如下。

$$CH_4 + \frac{1}{2}O_2 \xrightarrow{催化剂} CO + 2H_2$$

为了防止天然气部分氧化过程中发生析碳，需要在反应体系中加入一定量的水蒸气，在此过程中还会发生以下反应。

$$CH_4 + H_2O \xrightarrow{催化剂} CO + 3H_2$$

$$CH_4 + CO_2 \xrightarrow{催化剂} 2CO + 2H_2$$

同水蒸气重整制氢相比，天然气部分氧化重整制氢能耗较低、设备规模小，但是催化部分氧化重整制氢的反应条件比较苛刻，不易控制。目前有采用水蒸气重整和天然气部分氧化重整联合制氢，在降低了反应温度的同时，获得了纯度更高的氢气。

（3）裂解制氢

天然气采用裂解的方式可以直接制得炭黑和氢气，产物中不含或含有少量的碳氧化合物，不需要进一步的变换反应。相较于前面两种制氢方式，裂解制氢分离设备简单，缩短了制氢工艺流程，简化了操作单元，是一种在经济上非常有吸引力的小规模天然气现场制氢方法。目前，裂解制氢可采用的方法包括热裂解、催化裂解、等离子体热裂解、太阳能热裂解等，其裂解反应式为

$$CH_4 \xrightarrow[\substack{等离子体/ \\ 太阳能}]{热/催化剂/} 2H_2 + C$$

❶ 热裂解。此法是一种间歇方法。首先将天然气和空气按照完全燃烧比例混合，送入炉内燃烧，使温度逐渐上升，待温度升至 1300℃后停止供给空气，继续供给天然气，使之在高温下发生热分解，生成炭黑和氢气。天然气裂

解吸收热量会导致炉温下降，待温度降到 1000 ～ 1200℃时，再通入空气使天然气完全燃烧，升高炉内温度，待温度达到要求后停止供应空气，再进行天然气的裂解反应，如此往复进行。该反应在炭黑、颜料工业上的应用已有多年历史，可以在内衬为耐火砖的炉子中于常压下进行。

❷ 催化裂解。甲烷裂解的反应活化能较高，C—H 键非常稳定，因此反应要求温度很高。在无催化剂条件下，温度必须在 700℃以上才能保证反应进行。若要有较高产氢量，反应温度要高达 1300℃甚至更高。为了降低反应温度，一般采用加入催化剂的方法，催化剂的加入一方面可以降低反应活化能，另一方面还可以加快反应速率。

研究表明，催化剂的种类、反应温度、反应时间以及气流速率等对天然气裂解制氢都有显著的影响。而催化剂的研究依然是当前的重点。

目前采用的催化剂主要有两类。

一类是担载型金属催化剂，一些迁移性金属如 Ni、Fe、Co 等和贵金属作为催化剂，这些催化剂的活性很高，但不同催化剂对甲烷裂解反应的转化率影响差异较大，如图 4.3 所示。

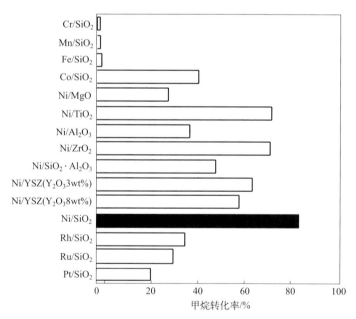

图 4.3 相同条件下使用不同催化剂对甲烷转化率的影响

生成的炭黑会沉积在金属催化剂表面，导致催化剂失活。为了循环连续地生产 H_2，失活的催化剂需要经过再生以除去积炭，恢复其活性。催化剂的再生一般用氧气、水蒸气等氧化剂与 C 经如下反应，以除去沉积在催化剂表面的炭黑。

$$C+O_2 \longrightarrow CO_2$$

$$C+2H_2O \longrightarrow CO_2+2H_2$$

这两种再生方法都能恢复催化剂的活性。氧气氧化过程比水蒸气氧化过程快，再生效率随温度的升高而增加。但是氧气氧化过程在完全除去积炭的同时，可能将金属氧化为金属氧化物，而水蒸气再生过程中可避免这种情况，相比于前者更适合循环反应工艺。

另一类是碳基催化剂，包括活性炭、炭黑、碳纤维、石墨碳以及碳纳米管和 $C_{60/70}$ 等纳米碳晶体。此类物质对甲烷的裂解也有催化作用，研究表明，活性炭和炭黑具有更高的催化活性。而且对于碳基催化剂，由于催化剂与反应产物相同，不必经过处理即可作为催化裂解的催化剂继续利用，因此可以连续发生反应。与金属催化剂裂解工艺相比，碳基催化剂具有明显的优势。

❸ 等离子体热裂解。等离子体是一种以自由电子和带电粒子为主要成分的物质形态，它不同于常规的气态、液态和固态，是物质存在的第四态。高温等离子体是气体在电弧或射频的激发下，在较高的压力下形成的，如图 4.4 所示，多用于提供极高温度，实现常规方法难以转化的稳态分子的转化。高温等离子可以起到高温热源和化学活性粒子源的双重作用，可在无催化剂的条件下加速反应进程，并为反应提供吸热过程中所需的能量。采用等离子技术可实现天然气的高转化率的裂解，生成氢气和炭黑。

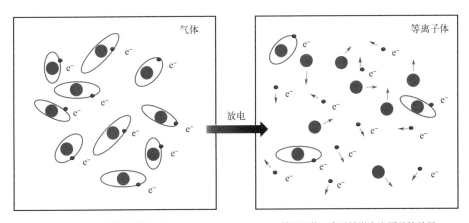

气体：电子被原子核约束　　　　　　　等离子体：电子被激发出原子核外层

图 4.4　等离子体的形成

等离子体反应器还用来联合催化剂进行甲烷的氧气/水蒸气重整制氢。结果发现当只采用等离子体反应器时，只会发生甲烷和氢气的转化反应。在引入催化剂后，水蒸气参加反应，甲烷的转化率不变，但氢气的产率增加。使用催化等离子体重整反应比高温等离子体重整反应具有更低的能耗，而且在同样的能耗下，部分氧化反应能够比氧气/水蒸气重整反应产生更多的氢气。等离子体法制氢具有以下优势：制氢成本低，如果考虑炭黑的价值，等离子体法的成本比水电解制氢、生物质制氢和天然气/水蒸气重整制氢等方法低；原料利用率高，除了原料中含有的杂质，几乎所有的原料都转化为氢气和炭黑，且没有二氧化碳生成；原料的适应性强，除了天然气，几乎所有的烃类都可作为制氢原料，原料的改变只影响产物中氢气和炭黑的比例；制氢装置体积小、启动快、能耗低，特别适合以天然气为原料的车载制氢系统（图 4.5）和小型分布式制氢系统。不足之处在于，等离子发生器的工业应用技术方面仍有诸多问题尚待解决。

图 4.5　美国 MagneGas 公司的车载等离子制氢装置

❹ 太阳能热裂解。天然气太阳能热裂解制氢是一种利用聚光器将太阳能聚集至太阳能反应器，产生超过 2000K 的温度，使天然气在太阳能反应器中裂解成氢气和炭黑的工艺。美国 Colorado 大学在美国国家可再生能源实验室的高流量太阳能反应炉的基础上设计了太阳能反应器，该反应器将一个 V 字锥形的二级聚光器放置在太阳能反应炉的一级聚光器的焦点上，可以向反应区传递 10kW 的太阳能，从而产生超过 2000K 的高温。在此太阳能反应器上进行甲烷的热裂解反应，转化率达到 75%（1875K，停留时间 0.1s），而在此温度条件下的理论转化率应为 100%，这主要是由于传热问题限制了转化率的提高。

中国科学院电工所太阳能热发电实验室承担研制的大功率太阳炉聚光器如

图 4.6 所示，该系统通过将平面定日镜作为反射器把太阳光反射到对面的抛物面聚光器上，经过抛物面聚光器聚焦至焦点位置的太阳炉中心处，中心高温高达约 3000℃，可在氧化气氛和高温下对试验样品进行观察，不受燃料产物的干扰。目前，该系统平台与西安交通大学的反应器接口已经成功产出氢气。

图 4.6　大功率太阳炉聚光器

太阳能热裂解制氢工艺在生产出不含碳氧化物的氢气的同时，副产品炭黑也可进入商业领域。这个工艺最大的优点在于直接使用太阳能，并且不产生 CO_2 等温室气体，是一种清洁、经济的制氢工艺，具有较好的发展前景。不过由于传热限制，转化率不能达到预期目标，同时生产规模有待改进。

4.2.1.2　煤制氢

我国的煤炭资源丰富，煤在我国能源消费结构中的比例高达 65%。根据《BP 世界能源统计年鉴》（2015 版）的数据，2014 年我国的煤炭消费量占世界的 50.6%，如此大的煤炭使用将排出大量的温室气体 CO_2，世界 CO_2 排放第一使我国受到了巨大的国际压力。因此，洁净煤技术在我国势在必行，煤制氢（煤制气，Coal To Gas, CTG）作为最重要的煤洁净技术，是综合高效清洁使用煤炭的重要途径。

煤制氢技术以煤为原料制取含氢气体，此技术已有 200 多年的历史。目前，煤制氢过程可以分为直接制氢和间接制氢。间接制氢是指利用煤发电后再电解水制氢，或将煤先转化为甲醇、氨气等化工产品后，再利用其制氢，这种方式效率低。煤的直接制氢则主要有两种方法：一种是煤的焦化（又称高温干馏），是指煤在隔绝空气的条件下，在 900 ～ 1000℃制取焦炭，副产品焦炉气中有氢气、甲烷、一氧化碳以及少量其他气体，其中氢气含量高达 55% ～ 60%；另一种是煤的气化，煤在高温、常压或加压下，与水蒸气或氧气（空气）发生一系列化学反应，全部转化为以氢气和一氧化碳为主的合成气，然后经变换反应得到氢气和二氧化碳，其工艺流程如图 4.7 所示。煤气化制氢主要包括三个过程：造气、CO 变换、H_2 提纯。气化反应如下。

$$C(s)+H_2O(g) \longrightarrow CO(g)+H_2(g)$$

$$CO(g)+H_2O(g) \longrightarrow CO_2(g)+H_2(g)$$

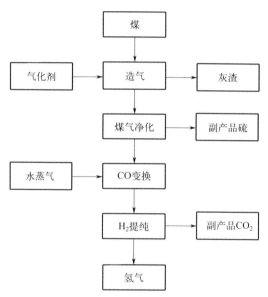

图 4.7 煤气化制氢工艺流程

煤气化是一个吸热反应，反应所需的热量由氧气和碳的氧化反应提供，氢气的提纯主要通过变压吸附（Pressure Swing Adsorption，PSA）法获得。传统的煤气化制氢不仅会排放出灰分、含硫物质以及大量的温室气体二氧化碳，而且生产过程和装置繁杂，投资较大。目前煤气化制氢的工艺有很多，如 Koppers-Totzek 法、Texco 法、Lurgi 法、气流床法、流化床法。

在此基础上发展起来的地下煤炭气化（Underground Coal Gasification, UCG）技术就是将处于地下的煤炭直接进行有控制的燃烧，通过对煤的热作用及化学作用而产生可燃气体的过程，具体流程如图 4.8 所示。该技术集建井、采煤和煤气化工艺于一体，变传统的物理采煤为化学采煤，省去了庞大的煤炭开采、运输、洗选以及气化等工艺的设备，具有安全性好、投资小、经济效益高、污染少等优点，受到世界各国的重视。

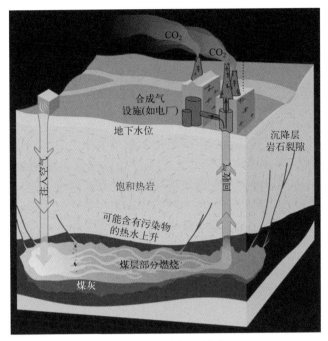

图 4.8 地下煤炭气化技术原理

随着氢燃料电池的逐步推广使用和商业化，煤炭气化在制氢方面将得到广泛的应用。尤其是零排放煤制氢 / 发电技术的提出，该技术利用高温蒸汽和煤反应生成氢气和二氧化碳，通过在煤气化过程中加入钙基催化剂（如 CaO）作为二氧化碳的吸收剂，在显著提高气化反应速率的同时，极大地提高了煤的转化率，生成的氢气可以直接作为固体氧化物燃料电池的燃料，产生电能和热量。吸收了 CO_2 的 CaO 转变成了 $CaCO_3$，$CaCO_3$ 又可以利用固体氧化物燃料电池产生的热量煅烧，使 CaO 再生的同时收集到纯的 CO_2 气体，从而实现整个系统的循环利用和零排放。

4.2.1.3 液体化石能源制氢

液体化石能源主要指石油，石油是一种黏稠的、深褐色液体，主要成分是各种烷烃、环烷烃、芳香烃的混合物。目前还没有直接利用石油制氢的工艺，通常用石油初步裂解后的产品，如重油、石脑油等制氢。重油主要包括原油加工过程中的常压油、减压渣油、裂化渣油、裂化柴油和催化柴油等，重油与氧气及水蒸气发生部分氧化反应制得含氢的混合气体，不完全氧化法涉及碳氢化合物与氧气和水蒸气反应转化为氢气和碳氧化物的过程，包括以下三个主要步骤（在有水蒸气参与和加氧不足的条件下）。

不完全氧化反应 $\qquad C_nH_m+\dfrac{n}{2}O_2 \longrightarrow nCO+\dfrac{m}{2}H_2$

转化反应 $\qquad C_nH_m+nH_2O \longrightarrow nCO+\left(n+\dfrac{m}{2}\right)H_2$

变换反应 $\qquad H_2O+CO \longrightarrow CO_2+H_2$

不完全氧化反应是放热反应，而转化反应是吸热反应，转化反应需要的热量由不完全氧化反应供给。不完全氧化反应可以在催化剂的参与下在较低的温度下进行，也可不用催化剂在适当的压力和较高的温度下进行，具体的压力和温度要看所采用的烃类原料和选取的过程而定。催化不完全氧化通常以石脑油为主的低碳烃为原料，而非催化氧化则以重油为原料，反应温度一般控制在1150～1315℃，重油制氢的产物组成包括体积分数为 46% 的氢气、46% 的一氧化碳和 6% 的二氧化碳。与天然气/水蒸气重整制氢相比，重油的不完全氧化需要有空分设备提供氧气。

4.2.2　水电解制氢

水电解制氢是一种成熟的工业制氢方法，通过电能破坏水分子的氢氧键以获得氢气和氧气，该方法具有制氢纯度高和操作简便的特点，其效率一般在75%～85%。

传统的水电解制氢的核心设备电解池由浸没在电解液中的正、负电极和用于隔离生成的氢、氧气体的隔膜组成，如图 4.9 所示。目前常用的电解液为碱性电解质溶液，如氢氧化钾（KOH）、氢氧化钠（NaOH）水溶液。当通以一定电压的直流电时，电解液中处于无秩序运动的离子进行定向运动。阳离子向阴极移动，在阴极得到电子，被还原；阴离子向阳极移动，在阳极失去电子，被氧化。在水电解过程中，OH^- 在阳极失去电子，被氧化成氧气放出；H^+ 在阴极得到电子，被还原成氢气放出。其反应式如下。

阳极反应 $\qquad 2OH^- \longrightarrow \dfrac{1}{2}O_2(g)+H_2O+2e^-$

阴极反应 $\qquad 2H_2O+2e^- \longrightarrow H_2(g)+2OH^-$

总反应 $\qquad H_2O \xrightarrow{\text{电解}} H_2(g)+\dfrac{1}{2}O_2(g)$

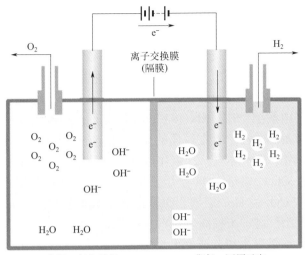

图 4.9　传统的水电解制氢原理

但是水电解制氢电耗较大，每立方米氢气的电耗为 4 ～ 5kWh，其电费约占制氢成本的 80%，水电解制氢在经济上缺乏竞争力。目前，国际上利用水电解制氢的产量约占氢气总产量的 4%。

在燃料电池研究的基础上，一项比传统碱性水溶液电解更清洁和高效的固体聚合物电解质（Solid Polymer Electrolyte，SPE）水电解技术被开发出来，并得到了快速发展。其工作原理如图 4.10 所示。SPE 水电解装置具有体积小、结

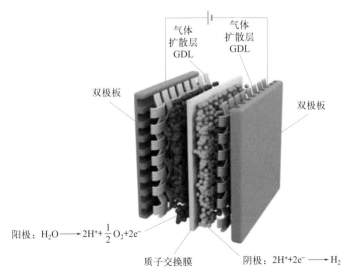

图 4.10　SPE 水电解工作原理

构紧凑、效率高、耗能低的优点，在高电流密度下电解制氢的产氢速率至少是碱液电解的 5 倍；非透气性质子交换膜极大地提高了氢、氧分离程度，使获得的氢气纯度更高。此外，该技术直接以纯水作为电解液，运行稳定可靠且无腐蚀性，使用寿命长。但是 SPE 水电解技术由于采用质子交换膜和贵金属催化剂，依然存在着成本过高的问题。

固体氧化物电解池（Solid Oxide Electrolysis Cell，SOEC）技术因其无与伦比的转化效率而备受关注，其在较高的操作温度下具有良好的热力学和动力学特性。SOEC 可用于将水蒸气、二氧化碳或两者分别直接转化为氢气、一氧化碳或合成气（H_2+CO），如图 4.11 所示。SOEC 可与一系列化学合成技术进行热集成，使捕获的 CO_2 和 H_2O 能够再循环成合成天然气或汽油、甲醇或氨，与低温电解技术相比，进一步提高了效率。此外，SOEC 原材料来源丰富，如镍、氧化锆和钢，而不是贵金属，成本大大降低。在过去的十年里，随着 SOEC 的性能和耐用性的提高以及规模的扩大，气体的产能提高了百倍，首批产业化的SOEC 工厂也投入试运营。

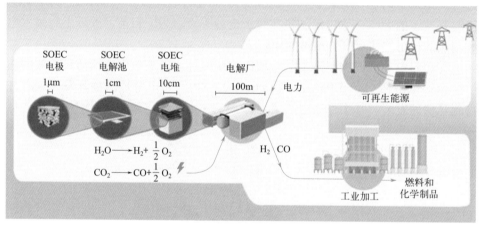

图 4.11　将 SOEC 技术整合到 100% 基于可再生能源的未来能源系统中示意图

4.2.3　生物质制氢

利用大气、水、土地等通过光合作用而产生的各种有机体，即一切有生命的可以生长的有机物质通称为生物质，包括所有的植物、微生物以及以植物、微生物为食物的动物及其产生的废弃物。从广义上讲，生物质能是太阳能的一种表现形式。生物质能是可再生能源的重要组成部分。生物质能的高效开发利用，对解决能源、生态环境问题将起到十分积极的作用。当前生物质能的利用主要有生物化学法和热化学法两大类方法。生物质制氢是指利用生物质产生氢气的方法，目前主要有微生物转化法和热化学转化法。

4.2.3.1 微生物转化法

微生物制氢是指利用某些微生物代谢过程来生产氢气的一项生物工程技术，包括光解水制氢、光合生物制氢和厌氧发酵制氢三种。

（1）光解水制氢

光解水制氢是一些藻类或细菌以太阳能为能源，以水为原料，通过光合作用及其特有的产氢酶系，将水分解为氢气和氧气。此制氢过程不产生二氧化碳。绿藻和蓝细菌均可光解水产生氢气，但它们的产氢机制却不相同。绿藻在光照和厌氧条件下由氢酶催化光解水产生 H_2 和 O_2，产氢效率较低，而且伴随着氧的释放会使氢酶失活。蓝细菌的产氢则分为固氮酶催化产氢和氢化酶催化产氢两类，固氮酶催化产生分子氢，而氢化酶既可以催化氢的氧化也可以催化氢的合成，是一种可逆双向酶。

（2）光合生物制氢

光合生物制氢利用光合细菌或微藻将太阳能转化为氢能。光合细菌只含有一个光合作用中心，缺少类似于藻类中起光解水作用的系统，所以只进行以有机物作为电子供体的不产氧的光合作用。光合细菌光分解有机物产生氢气的具体过程为：有机物→铁氧还蛋白→氢化酶→ H_2。此外，研究发现光合细菌还能利用 CO 产生氢气。光合细菌制氢过程示意如图 4.12 所示。

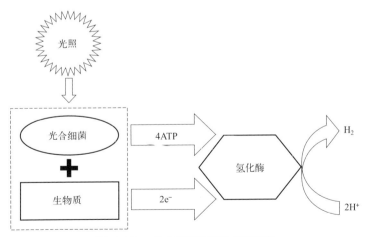

图 4.12　光合细菌制氢过程示意

ATP—三磷酸腺苷

（3）厌氧发酵制氢

厌氧发酵制氢又称暗发酵制氢，是异养厌氧型细菌利用碳水化合物等有机物，通过暗发酵作用生成氢气。该过程产生的是混合气，除含有氢气外还含有一定量的 CO_2，以及少量的甲烷、一氧化碳和 H_2S。在暗发酵制氢过程中，体系的 pH 值、温度、金属离子、产物种类与基质类型都是其考量的关键因素。目前可利用有机物质产氢的厌氧微生物有多种，主要分为严格厌氧菌和兼性厌氧菌两大类。

相比光合生物制氢，暗发酵制氢有很多优点：暗发酵制氢菌株的制氢速率高于光合制氢菌株，而且暗发酵产氢细菌的生长速率较快；暗发酵生物制氢不需光源，不但可以实现持续稳定制氢，而且反应装置的设计、操作及管理方便简单；暗发酵生物制氢设备的反应容积可根据制氢规模进行设计，控制产氢量；可生物降解的工农业有机废料都可能成为暗发酵生物制氢的原料，其来源广泛且成本低廉；兼性的发酵产氢细菌更易于保存和运输。因此，目前暗发酵制氢技术比光合生物制氢技术发展更快，已经实现规模化工业化生产，受到国内外广泛关注。

表 4.1 给出了不同类型微生物的产氢特性。为了最大限度地提高产氢量和产氢速率，增大底物利用率，以及更好地发挥菌种间的协同作用，联合制氢技术逐渐被人们关注和重视。目前研究的联合制氢技术包括同类群生物联合制氢、光合生物与暗发酵生物联合制氢、暗发酵与光发酵两阶段联合生物制氢、多阶段联合生物制氢等。暗发酵与光发酵两阶段联合生物制氢技术是将暗发酵与光发酵进行耦联的生物制氢技术。暗发酵的液相末端产物多为乙酸、乙醇、丁酸等小分子有机酸和醇类物质，是光发酵菌种可利用的底物，两者联合起来能够极大地提高光能转化效率和底物的利用率，降低挥发酸对细菌的毒性，增大产氢量，实现有机物的高效降解。实践证明，工业化生产延展性最好的是两阶段和多阶段的联合生物制氢技术。

表 4.1　不同类型的微生物产氢特性

生物类群	产氢酶	抑制物	特点
绿藻	氢化酶	CO、O_2	需要光；可由水产生氢气；体系存在氧气威胁；产氢速率慢
蓝细菌	固氮酶	O_2、N_2、NH_3	需要光；可由水产生氢气；固氮酶主要产生氢气；具有从大气中固氮的能力；氢气中混有氧气
光合细菌	固氮酶	O_2、N_2、NH_3	需要光；可利用的光谱范围较宽；可利用不同的废料；能量利用率高；产氢速率较高
厌氧细菌	产氢酶	CO、O_2	不需要光；可利用的碳源多；可产生有价值的代谢产物如丁酸等；多为无氧发酵，不存在供氧；产氢速率相对最高

4.2.3.2　热化学转化法

（1）热裂解制氢

生物质热裂解是在高温和无氧条件下生物质的热化学过程。热裂解包括慢速裂解和快速裂解。热裂解的效率和产物质量与温度、加热速率等因素有关，也受反应器类型及催化剂种类的影响。目前，国内外的生物质热裂解反应器主要有机械接触式反应器、间接式反应器和混合式反应器。其中机械接触式反应器包括烧蚀热裂解反应器、旋转锥反应器等，其特点是通过灼热的反应器表面直接与生物质接触，以热传导的形式将热量传递给生物质，实现快速升温裂解。这类反应器原理简单，但易造成反应器表面的磨损，并且生物质颗粒受热不均匀。间接式反应器主要通过热辐射的方式对生物质颗粒进行加热，由于生物质颗粒及产物对热辐射的吸收存在差异，反应效率较低、产物质量较差。混合式反应器主要以对流换热的形式辅以热辐射和热传导对生物质进行加热，加热速率高，反应温度比较容易控制，且流动的气体有利于产物的析出，是目前国内外广泛采用的反应器，主要有流化床反应器、循环流化床反应器等。

催化剂的使用能加速生物质原料的热裂解速率，降低焦炭的产量，达到提高效率和产氢质量的目的。目前用于生物质热裂解的催化剂主要有 Ni 基催化剂、沸石、K_2CO_3、Na_2CO_3、$CaCO_3$ 以及一些氧化物如 Al_2O_3、SiO_2、ZrO_2、TiO_2 等。热裂解得到的产物组成类似合成气，主要含氢气，另外包含一些化合物气体（如甲烷、一氧化碳、二氧化碳等），可以通过重整和水气置换反应提高氢气的产量。

利用生物质热裂解联合水蒸气重整反应制氢具有良好的经济性，其工艺流程如图 4.13 所示，尤其是当反应物为各种废弃物时，既为人类提供了能量，又解决了废弃物的处理问题，并且技术上也日益成熟，逐渐向大规模方向发展。

（2）气化制氢

生物质气化是在高温（600 ～ 800℃）下利用空气中的氧气和水蒸气对生物质进行加热并产生部分氧化的热化学过程。气化和热裂解的区别在于裂解是在无氧条件下进行的，而气化是在有氧条件下对生物质的部分氧化过程。首先，生物质原料在反应器的气化段经催化气化反应生成含氢气的生物质燃气，燃气中的 CO、焦油及少量的固体碳在反应器的另一段与水蒸气进行变换和改质等催化反应，从而减少污染物含量、提高转化率和氢气的产率，然后产物气进入固体床焦油裂解器，在高活性催化剂上进一步进行焦油裂解反应，最后经变压吸附制得高纯氢气。

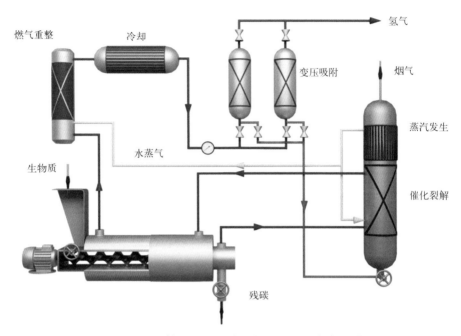

图 4.13　生物质热裂解联合水蒸气重整反应制氢工艺流程

对于生物质气化技术，最大的问题在于焦油含量。焦油含量过高，不仅影响气化产物的质量，还容易阻塞和粘住气化设备，严重影响气化系统的可靠性和安全性。

（3）水热解制氢

超临界流体（Super Critical Fluid，SCF）是指温度及压力均处于临界点以上的流体。超临界流体是非气体、非液体的单一相态物质，具有黏度小、扩散系数大、密度大、溶解度大以及传质好等许多独特的性质，是一种良好的分离介质和反应介质。水的临界温度是 647.3K（约 374℃）、临界压力为 22.05MPa（约 22MPa），如图 4.14 所示，当水的温度和压力超过临界点时就称为超临界水（Super Critical Water，SCW）。超临界水具有非常强的极性，可以溶解极性极低的芳烃化合物及各种气体（氧气、氮气、一氧化碳、二氧化碳等），能够促进扩散控制的反应速率和氧化反应快速进行。

超临界水热解生物质制氢技术是在超临界水中进行生物质的催化气化，生物质的气化率可达 100%，气体产物中氢气的体积分数甚至可以超过 50%，并且反应不生成焦油、木炭等副产品，不会造成二次污染。但由于在超临界水气中所需温度和压力对设备要求比较高，这方面的研究还停留在小规模的实验研究阶段。

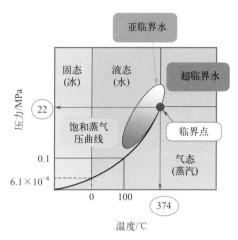

图 4.14　水的相图

4.2.4　氮氢化合物制氢

氨气与肼均为富氢的氮氢化合物，在制氢过程中无 CO 副产物的产生，因而作为氢源深受燃料电池项目的重视。

（1）氨气制氢

氨气（NH_3）在常温常压下为气态，液化温度随压力的变化而变化，在标准大气压下的液化温度为 $-33.35℃$，液氨便于储存和运输。

氨气的分解只生成氢气和氮气，但在其重整中会有氨气和氮气残余而不利于部分低温燃料电池的正常运行，需要增加纯化流程（图 4.15），因此氨分

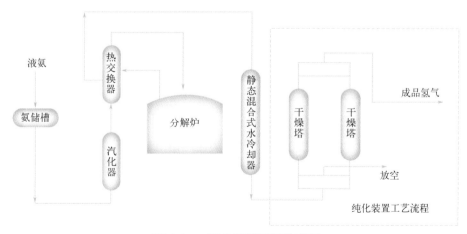

图 4.15　氨分解制氢工艺流程

解制氢工艺由氨气分解和氢气纯化两部分组成。液氨经预热蒸发成氨气，然后通过填充催化剂的氨分解炉，在650～800℃下被分解为氢气和氮气。其反应式为

$$2NH_3 \xrightarrow{\text{催化剂,加热}} 3H_2 + N_2$$

氨气分解的机理比较复杂，其与反应的路径、催化剂的种类以及反应条件等因素有关，目前普遍认为NH_3在催化剂表面分解主要是由一系列逐级脱氢过程组成的，气相NH_3分子逐级脱H所需的能量见表4.2。

表4.2 NH_3分子中N—H键的解离能

断裂键	解离能	
	kJ/mol	eV
H—NH₂	450.2±0.4	4.7
H—NH	389.4	4.0
H—N	328.0±15.4	3.4

催化剂是氨气分解的关键，目前常用的氨气分解催化剂的活性组分以Pt、Ir、Pd、Ru、Fe和Ni为主。虽然Ru的催化活性最高，但其价格高；而价廉的Ni基催化剂的催化活性仅次于上述贵金属，因此更具有工业应用前景。催化剂的载体则主要有三氧化二铝、氧化镁、二氧化钛、二氧化硅、碳纳米管、活性炭、分子筛等。

氨气分解的分解率一般在99%以上，混合气体经冷却至常温后，进入纯化系统。氨气制氢的纯化可以采用变压吸附和膜分离法。

（2）肼制氢

肼（N_2H_4）作为一种重要的氮氢化合物，在常温下为无色透明液体，完全分解后的副产物仅为氮气。如果能够在温和条件下实现肼的完全分解，则可以在无外加能源的条件下快速制备氢气，为燃料电池提供所需的原料，是一种理想的液体氢源。但是肼与金属催化剂接触时易发生爆炸，存在一定的安全隐患。水合肼（$N_2H_4 \cdot H_2O$）为肼的水合物，完全分解产物与肼相同，其中的水分子不参与反应，化学性质较为稳定，因而更适合作为液体氢源。肼在常温下可发生热分解和催化分解，肼的分解有以下两种途径。

完全分解 $N_2H_4 \longrightarrow N_2(g) + 2H_2(g)$

不完全分解 $3N_2H_4 \longrightarrow N_2(g) + 4NH_3(g)$

上述两个反应可以同时进行，但在高温条件下生成的中间产物 NH_3 能够进一步分解生成 N_2 和 H_2，肼也能够与 H_2 反应生成 NH_3。因此，肼的分解并不是严格按照上述反应式进行的，而是受到催化剂种类及反应条件（温度、压力）的影响。

肼主要用于空间飞行器的入轨、定点的推进系统和姿态控制系统，需要瞬间产生大量的高温高压气体，因此，关注的是催化剂的活性和稳定性，而对催化剂的选择性并没有特别强调。一些传统的高活性肼分解催化剂，如 Ir/Al_2O_3，在 100℃ 以下的温度区间更容易促进肼分解生成氨气而不是生成氢气。但作为燃料电池的可靠氢源，则需要在温和条件下实现高效、高选择性的水合肼分解制氢。目前，水合肼分解制氢使用的催化剂主要有金属纳米粒子和担载型催化剂。

4.2.5　硼氢化钠制氢

在众多的氢化物中，硼氢化钠（$NaBH_4$）由于具有较高的理论储氢密度、可长期稳定储存、水解过程温和，并且制氢规模可以根据需要进行调整、全过程环境友好等众多优点，而受到科学界和产业界的广泛关注。

$NaBH_4$ 的催化制氢工艺分为 $NaBH_4$ 溶液和 $NaBH_4$ 固体两种方式，而 $NaBH_4$ 溶液制氢是目前研究的主流。$NaBH_4$ 的催化水解反应，可在常温下生成高纯度的氢气，且在生成的氢气中不含一氧化碳气体，不需要纯化，可以直接作为质子交换膜燃料电池供电系统的燃料源。$NaBH_4$ 在水溶液中会发生自发水解，而碱性条件可以显著降低其水解速度，只要与特定的催化剂接触，其碱性溶液可以按照下述反应快速、可控地释放出氢气。

$$NaBH_4+(2+x)H_2O \xrightarrow{\text{催化剂}} 4H_2\uparrow +NaBO_2 \cdot xH_2O$$

对于催化剂的应用目前主要分为贵金属盐催化剂（如铑盐和钌盐）和非贵金属盐催化剂（如镍盐和钴盐），相对于贵金属，Ni、Co 等金属盐的催化剂由于价格低廉、资源丰富而受到更多的重视，也是目前研究的重点。

在没有催化剂的条件下，其反应速率与溶液的 pH 值和温度有关，可以通过下述经验公式估算该反应的反应速率。

$$\lg t_{1/2}=pH-(0.034T-1.92)$$

式中，$t_{1/2}$ 是 $NaBH_4$ 水解的半衰期，min；T 为反应时的热力学温度，K。由此可以计算出不同 pH 值和不同温度下 $NaBH_4$ 水解的半衰期（表 4.3）。

表 4.3　不同 pH 值和温度下 $NaBH_4$ 水解的半衰期

单位：天

pH 值	温度 /℃				
	0	25	50	75	100
8	$3.0×10^{-3}$	$4.3×10^{-4}$	$6.0×10^{-5}$	$8.5×10^{-6}$	$1.2×10^{-6}$
10	$3.0×10^{-1}$	$4.3×10^{-2}$	$6.0×10^{-3}$	$8.5×10^{-4}$	$1.2×10^{-4}$
12	$3.0×10^{1}$	$4.3×10^{0}$	$6.0×10^{-1}$	$8.5×10^{-2}$	$1.2×10^{-2}$
14	$3.0×10^{3}$	$4.3×10^{2}$	$6.0×10^{1}$	$8.5×10^{0}$	$1.2×10^{0}$

$NaBH_4$ 溶液无可燃性，储运和使用都十分安全。因此，$NaBH_4$ 水解制氢是一种安全、高效、实用性强的制氢技术。$NaBH_4$ 水解反应唯一的副产物 $NaBO_2$ 对环境无害，当 pH > 11 时，其副产物为可溶性的 $NaB(OH)_4$，均对环境无害，回收后可直接作为防腐剂、显影促进剂和阻燃剂等，以及制备无机硼的化合物，还可作为合成 $NaBH_4$ 的原料，从而实现资源的循环利用。

$NaBH_4$ 作为氢源的一大优势在于其水解制氢可控，$NaBH_4$ 可控水解制氢系统主要由燃料储罐、燃料泵、催化反应器、气液分离器、副产物储罐、储氢缓冲罐等部分构成（图 4.16），该系统制氢采用压力控制方式，即通过实时采集系统压力信号控制燃料泵的开启和关断，调控燃料液向催化反应器的输运，以实现即时按需制氢。该系统在实际运行过程面临的关键问题是如何及时有效地清除副产物 $NaBO_2$。

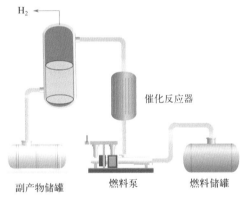

图 4.16　$NaBH_4$ 可控水解制氢系统示意图

日本丰田汽车公司于 2004 年就成功研制了可与 10kW 燃料电池配套使用的 $NaBH_4$ 可控水解制氢系统。如图 4.17 所示，该系统应用 $Pt/LiCoO_2$ 担载型催化剂，在燃料液（25wt%NaBH$_4$+4wt%NaOH）流速为 200mL/min 条件下，制氢速率可达 120nL/min，燃料转化率可达 100%。

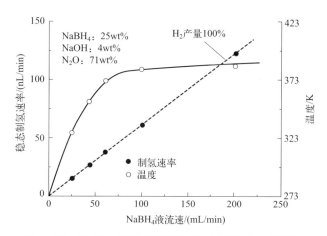

图 4.17　NaBH$_4$ 燃料液流速对稳态制氢速率的影响

4.3　氢气的储存

氢气的储存是氢能应用的关键，国内外都非常注重这项技术的研究和开发。衡量一种氢气储运技术好坏的依据包括储氢成本、储氢密度和安全性等方面，对于移动式或便携式氢气的应用，上述指标显得更为重要。储氢材料性能的衡量标准主要用以下两个参量表示：质量储氢密度和体积储氢密度。其中，质量储氢密度为系统储存氢气的质量与系统质量的比值（质量分数），体积储氢密度为系统单位体积内储存氢气的质量（kg/m^3）。美国能源部提出的车载氢源的储氢要求是质量储氢密度和体积储氢密度分别达到 6% 和 60kg/m^3。氢气能够以气态、液态、固态三种状态储存。根据储存机理的不同又可分为高压气态储存、低温液态储存、金属氢化物储氢、新型碳材料储氢和有机液体氢化物储氢等方法。

4.3.1　高压气态储存

高压气态储存（压缩储氢）是最普遍和最直接的储氢方式，通过调节减压阀就可以直接释放出氢气。目前，针对高压气态储存，储氢容器主要分为纯钢制金属罐、钢制内胆纤维缠绕罐、铝内胆纤维缠绕罐及塑料内胆纤维缠绕罐（表4.4）。其中，Ⅰ型、Ⅱ型储氢罐储氢密度低，氢脆问题严重，难以满足车载储氢密度要求；而Ⅲ型、Ⅳ型储氢罐由内胆、碳纤维强化树脂层及玻璃纤维强化树脂层组成，明显减小了气罐质量，提高了单位质量储氢密度。因此，车载储氢罐大多使用Ⅲ型、Ⅳ型两种容器。

表4.4　不同类型储氢容器的相关参数

类别	Ⅰ型	Ⅱ型	Ⅲ型	Ⅳ型
材料	全金属（钢制）	内胆为金属（钢制），纤维环向缠绕	内胆为金属（钢/铝制），纤维全缠绕	内胆为塑料，纤维全缠绕
质量体积比/（kg/L）	0.9～1.3	0.6～1.0	0.35～1.0	0.3～0.8
体积储氢密度/（kg/m³）	14～17	14～17	40	49
成本	低	中等	高	高
使用寿命	15年	15年	15～20年	15～20年
应用场景	加氢站等固定储氢	加氢站等固定储氢	氢燃料电池汽车车载储氢	氢燃料电池汽车车载储氢

高压钢瓶是常用的储氢容器，其储存压力一般为 12～15MPa，储存压力在 20MPa 以下的压缩技术已经比较成熟，但质量储氢密度还比较低。目前，常用的 15MPa 的 40L 的钢瓶只能储存 6m³ 的氢气，氢气的质量约为 0.54kg，质量储氢密度约为 1.2%。2017 年新日铁和住友金属公司与日本钢铁厂有限公司联合推出了采用免焊接的无缝钢管制成的加氢站用新型储氢罐（图 4.18）。该

图 4.18　新型全钢高压储氢罐

新型储氢罐完全由钢制成，相比传统采用高价的碳纤维缠绕的钢制储氢罐产品，其价格降低了 30%，有助于降低加氢站的成本，加快下一代氢动力车用加氢站的建设。

近年来，丰田汽车公司开发了一种由碳纤维复合材料制成的新型高压储氢罐，如图 4.19 所示，其储氢压力可达 70MPa。这种耐压容器是由玻璃纤维、碳纤维及密封塑料组成的薄壁容器，质量储氢密度可达 5.7%。但这类高压钢瓶必须配备特殊的减压阀及控制阀门才能使用。目前，美国 Quantum 公司、Hexagon Lincoln 公司、通用汽车公司以及丰田汽车公司等国外多家知名企业，已成功研制了多种规格的纤维全缠绕高压储氢罐。

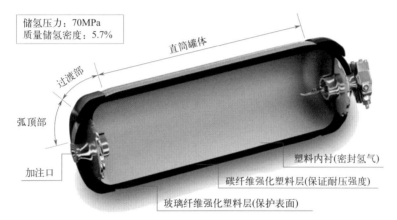

图 4.19　碳纤维复合材料高压储氢罐

此外，还可以在容器中加入一些吸氢物质，从而大幅度地提高压缩储氢的储氢密度，甚至使其达到"准液化"的程度，当压力降低时，氢气可以自动地被释放出来。压缩储氢应用广泛、简便易行，而且成本低，充、放气速度快，常温下就可进行。压缩储氢的缺点是能量密度低，当增大容器内气体的压力时，需要消耗较多的压缩功，而且存在氢气泄漏和容器爆破等不安全因素。

4.3.2　低温液态储存

低温液态储存（液化储氢）是一种深冷的储氢技术。氢气经过压缩后，深冷到 −253℃（20K）或以下而变为液态氢，密度极大地提高，是气态氢密度的 845 倍。这样，对同等体积的储氢容器，储氢量大幅度提高。液化储氢特别适用于储存空间有限的场合，如航天飞机火箭发动机、汽车发动机和洲际飞行运输工具等。若仅从质量和体积上考虑，液化储氢是一种极为理想的储氢方式。

但是液态氢存在的条件非常苛刻（图4.20），而且氢气液化面临以下几个主要难题：

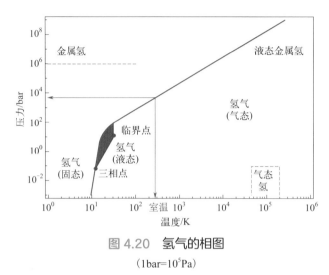

图 4.20 氢气的相图

(1bar=10^{5}Pa)

一是氢气的深冷液化能耗高，目前制取液态氢的能耗相当于制得的液态氢质量的30%所含能量；

二是液态氢的储存和保冷等问题，由于液态氢储存容器内的温度与环境的温差大，为了对液态氢保冷和防止其挥发，对储存容器材料、结构设计和加工工艺等都提出了苛刻的要求，液态氢储存容器（图4.21）必须使用耐超低温的特殊材料，需采用多层、绝热的真空夹套结构，并在夹层中放置铝箔以防止热辐射；

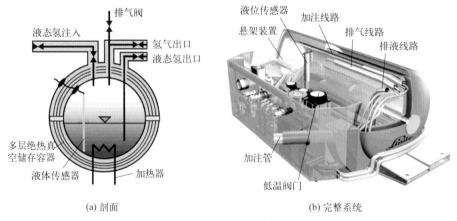

图 4.21 低温液态储氢系统

三是液态氢由于绝热不完善而不能长期保持液态，由于不能达到完全绝热，部分液态氢会汽化，从而导致储罐内压力增加，当压力增加到一定数值时必须启动安全阀排出氢气，目前液态氢的单日蒸发损失率为 1% ～ 2%。

现在有一种壁间充满中空微珠的绝热容器已经问世。二氧化硅微珠直径为 30 ～ 150μm，中间空心，壁厚为 1 ～ 5μm。在部分微珠上镀有厚度为 1μm 的铝，可抑制颗粒间的对流换热，将部分镀铝微珠（一般为 3% ～ 5%）混入不镀铝的微珠中可有效地切断辐射传热。这种新型的热绝缘容器不需抽真空，但绝热效果远优于普通高真空的绝热容器，是一种理想的液态氢储存容器。美国宇航局已开始研究使用这种新型的储氢容器，它是未来储氢容器的发展方向。

此外，高压低温液态储氢是另一种液态储存方式。在高压下，液态氢的体积储氢密度随压力升高而增加，在 −253℃下液态氢的压力从 0.1MPa 增至 23.7MPa 后，其体积储氢密度从 70g/L 增至 87g/L，质量储氢密度也达到了 7.4%。美国加利福尼亚州的劳伦斯利沃莫尔国家实验室研发的新型高压低温液态氢储罐内衬为铝，外部缠绕碳纤维，其保护套由高反射率的金属化塑料和不锈钢制成，储罐和保护套之间为真空状态。与常压低温液态储氢相比，高压低温液态储氢的氢气挥发性小、体积储氢密度更大，但成本、安全性等问题亟待解决。

4.3.3　金属氢化物储氢

金属氢化物储氢技术是利用金属和氢气反应生成金属氢化物而将氢固定和储存的技术，其机理是在一定的压力和温度下，氢分子被吸附在金属表面后，分解成氢原子嵌入金属的晶格中形成含氢固溶体（α 相，MH_x），随后固溶体继续与氢气反应，产生相变生成金属氢化物（β 相，MH_y），继续增加氢气压力，可以生成含氢更多的金属氢化物（图 4.22）。该反应有很好的可逆性，当适当升高温度和减小压力时，即可发生逆反应，并释放出氢气。

金属氢化物储氢材料可分为两大类：一类是合金氢化物储氢材料；另一类是金属配位氢化物储氢材料。迄今为止，趋于成熟和具备实用价值的金属氢化物储氢材料主要有稀土系、Laves 相系、镁系和钛铁系四大系列。

（1）稀土系（AB_5 型）

以 $LaNi_5$ 为代表的稀土系储氢合金，是所有储氢合金中应用性能最好的一类。1969 年，荷兰 Philips 实验室首次报道了 $LaNi_5$ 合金具有很高的储氢能力，从此，储氢合金的研究与利用得到了较大的发展。金属间化合物 $LaNi_5$ 具有六方

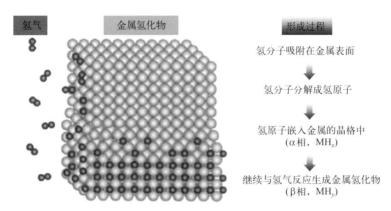

图 4.22　金属氢化物生成示意

结构，LaNi$_5$ 晶胞由 3 个十二面体、9 个八面体、6 个六面体和 36 个四方四面体组成。其中，3 个十二面体、9 个八面体和 6 个六面体的晶格间隙半径大于氢原子半径，可以储存氢原子。而 36 个四方四面体间隙较小，不能储存氢原子。这样，一个晶胞内可以储存 18 个氢原子，生成具有六方结构的 LaNi$_5$H$_6$，如图 4.23 所示，此时的质量储氢密度最大为 1.4%。LaNi$_5$ 活化容易，平衡压力适中，滞后系数较小，吸放氢性能优良。但是随着吸放氢的循环进行，易于粉化，从而导致容量严重衰减。此外，LaNi$_5$ 合金中镧的价格高，导致合金成本较高。

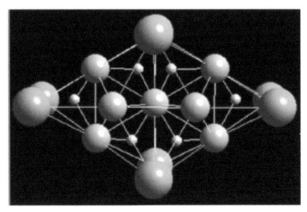

图 4.23　LaNi$_5$H$_6$ 的晶体结构

（大球 La；中球 Ni；小球 H）

为了降低成本，采用其他稀土元素，如 Ce、Sm 部分取代 La 形成富镧混合稀土 M$_{mix}$，但 M$_{mix}$Ni$_5$ 的氢分解压升高，滞后压差大，给使用带来困难。而为了克服 LaNi$_5$ 合金的粉化问题，则采用了 Al、Mn、Co 等金属元素置换 Ni。

加入 Al 后合金可以形成致密的 Al_2O_3 薄膜，该氧化物可以提高氢的反应性，延长储氢合金的循环寿命，降低室温时的吸氢压力，但氧化层却会阻碍氢的扩散；Mn 元素可以降低合金吸放氢的平衡压力，并使滞后现象减小，但 Mn 的加入也增加了固化过程中其他元素的溶解，使合金的腐蚀和粉化过程加快，降低了合金的稳定性；而适量 Co 的加入可以增强氢化物的稳定性，延长合金的循环寿命。一般 Mn 和 Co 两者同时加入。

（2）Laves 相系（AB_2 型）

AB_2 型 Laves 相系合金材料是一类非常具有潜在研究价值的储氢材料。已经发现的 Laves 相系合金材料有三种晶体结构：面心立方晶相 C_{15}（$MgZn_2$ 型）、六方晶相 C_{14}（$MgCu_2$ 型）和面心六方晶相 C_{36}（$MgNi_2$ 型）。与稀土系储氢材料相比，Laves 相系合金材料具有较高的储存容量、更高的动力学效率、没有滞后效应、更长的使用寿命和相对较低的成本等特点。然而，此类材料的氢化物在室温时稳定性很好，不易脱氢。更深入的研究侧重于多组分元素同时或部分取代 A、B 原子后形成的 Laves 相系合金材料。目前常提到的钛系储氢材料（钛铁系除外）、锆系储氢材料（理论质量储氢密度为 1.5%）都属于 Laves 相系合金材料。

（3）镁系

镁系储氢材料以储氢量高（纯镁的理论质量储氢密度为 7.6%）、资源丰富、价格低廉、重量轻和无污染而作为最有发展前途的固态储氢材料，引起了研究者的广泛关注。但镁系储氢材料存在工作温度高、吸放氢动力学性能差等缺点，阻碍了其应用。纯 Mg 在常压下，必须在 287℃以上才能放出氢气。最具代表性的 Mg-Ni 系储氢合金 Mg_2Ni 虽然可在比较温和的条件下与氢气反应生成 Mg_2NiH_4，而且该合金密度很小、储氢量高（质量储氢密度可达 3.8%）、解吸平台好、滞后很小、资源也非常丰富，但是常压下放氢温度仍高达 250℃，不能在常温附近使用。

20 世纪 90 年代以后，随着机械合金化手段的提高，对镁系储氢材料的研究有了很大进展。近年来在镁系储氢复合材料的研究方面做了大量的工作。根据复合材料的性质可以把镁系储氢复合材料分为两类：单质-镁系储氢复合材料与化合物-镁系储氢复合材料。在镁系储氢材料中添加单质元素较多的是 Fe、V、Pd 等，而常见的化合物-镁系储氢复合材料有 $Mg-LaNi_5$、Mg-TiFe、$Mg-Mg_2Ni$ 等。镁系储氢材料的种类不下千种，目前其研究的重点依然集中在改进镁系材料的吸放氢速度慢、温度高以及耐腐蚀性差等方面。

（4）钛铁系

具有 CsCl 结构（图 4.24）的 TiFe 合金在 1974 年由美国 Brookhaven 国家

实验室首次合成，活化后 TiFe 合金在室温下能可逆地大量吸放氢，质量储氢密度可达 1.8%，其氢化物的分解压低（室温下为 0.3MPa），而且两元素在自然界中含量丰富，价格低，在工业中已得到一定程度的应用。TiFe 合金一度作为一种很有应用前景的储氢材料而深受人们关注。但 TiFe 合金易被氧化，使得该材料极难活化，而且当成分不均匀或偏离化学计量点时储氢量明显降低，此外，TiFe 合金抗杂质气体能力差，易中毒，使其应用受到很大限制。

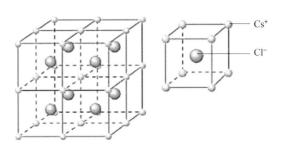

图 4.24　CsCl 的晶体结构

为了改善 TiFe 合金的储氢性能，在实际应用中可通过元素的替代，用 Mn、Cr、Zr、Ni 等过渡元素取代 TiFe 合金中的部分 Fe，就可以明显改善合金的活化性能，但会影响合金的其他储氢性能，如储氢量减小、吸放氢平台斜率增大等。另外，纳米化也是有效途径之一，纳米晶 TiFe 的储氢能力比多晶材料有显著提升，而且其活化处理也更加简便，所以纳米晶 TiFe 有望成为一种具有更高储氢量的储氢材料。

储氢合金虽然具有较高的储氢量，其储氢密度相当于标准状态下氢气的 1000 倍，与液态氢相当甚至超过液态氢，但金属氢化物储氢依然存在以下缺点。

❶ 目前发现的绝大多数金属氢化物储氢材料的质量储氢密度仅为 1.5% ～ 3%，储氢密度低会增加移动工具的负载。

❷ 金属氢化物储氢材料在吸放氢的过程中会伴随体积的膨胀和收缩，多次循环会导致储氢合金的破碎粉化，使后续的氢化和释氢渐趋困难，同时会引起储氢量下降。

❸ 金属氢化物储氢材料对氢气的要求较高，氢气中夹杂的微量气体，如 O_2、CO_2、CO、H_2O 等都会对储氢合金产生不可忽视的影响：一是会吸附在金属的表面或在金属的表面形成氧化膜层，阻碍金属氢化物的形成，因此必须进行活化处理，部分储氢材料就是因为活化十分困难而限制了其应用；二是经过多次的吸放氢反复操作，部分储氢材料可能会发生不同程度的中毒，从而影响氢化和释氢特性。

❹ 金属氢化物释放氢气需要向其提供热量,增加了设备的复杂性。

4.3.4 新型碳材料储氢

近年来,碳材料如活性炭、碳纳米纤维、碳纳米管、富勒烯等作为储氢材料,其可逆氢吸附过程是基于物理吸附的。目前,研究人员比较看好超高比表面积活性炭的低温(液氮温度)、适度压力(< 6MPa)和新型碳纳米吸附材料的常温、较高压力(< 15MPa)两种储氢方式。

(1)超级活性炭储氢

活性炭由于吸附能力强、表面活性高、循环使用寿命长、易规模化生产等优点而成为一种独特的多功能吸附材料。超级活性炭储氢始于 20 世纪 70 年代,是利用超高比表面积的活性炭作为氢气吸附剂,在中低温(−196 ~ 0℃)、中高压(1 ~ 10MPa)条件下的吸附储氢技术。高比表面积活性炭吸附储氢是利用其巨大的表面积(图 4.25)与氢分子之间的范德瓦耳斯力来实现的,是典型的超临界气体吸附。一方面,H_2 的吸附量与碳材料的表面积成正比;另一方面,H_2 的吸附量随着温度的升高而呈指数规律降低。因此,其吸附储氢性能与储氢的温度和压力密切相关,一般来讲,温度越低,压力越高,活性炭的储氢量越高。例如,在 −120℃、5.5MPa 下,质量储氢密度高达 9.5%。在低于 6MPa 氢压和 −196 ~ −123℃的低温下,活性炭吸氢率随温度的降低而急剧增加。与其他储氢技术相比,高比表面积活性炭吸附储氢具有经济、储氢量高、解吸快、循环使用寿命长和易实现规模化生产等优点,是具有潜力和竞争力的碳质吸附储氢技术。

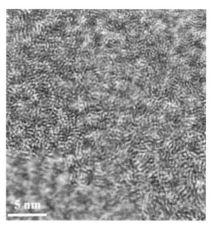

图 4.25 超级活性炭的微观结构

（2）碳纳米纤维储氢

碳纳米纤维（CNFs）是由石墨烯层按一定规律排列而成的纤维状纳米碳材料，主要有三种构型（图4.26），其直径一般为10～500nm，长度为0.5～100m，是介于碳纳米管和普通碳纤维之间的准一维碳材料。碳纳米纤维具有很高的比表面积，大量的氢气被吸附在碳纳米纤维表面，并为氢气进入碳纳米纤维提供了主要通道；碳纳米纤维的层间距远大于氢气分子的动力学直径（0.289nm），大量的氢气可进入碳纳米纤维的层面之间；碳纳米纤维有中空管，可以像碳纳米管一样具有毛细作用，氢气可凝结在中空管中，从而使碳纳米纤维具有超级储氢能力。

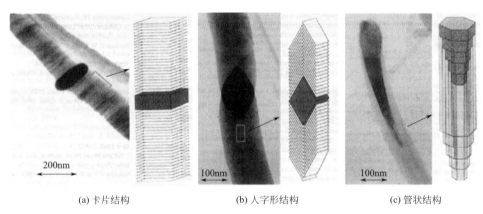

(a) 卡片结构　　　　　　　(b) 人字形结构　　　　　　　(c) 管状结构

图 4.26　不同构型碳纳米纤维的微观结构与结构示意

碳纳米纤维的储氢量与其直径、结构和质量有密切关系。在一定范围内，直径越小，质量越大，纳米碳纤维的储氢量越大。采用催化浮动法制备的碳纳米纤维，在室温、11MPa条件下质量储氢密度为12%。

（3）碳纳米管储氢

碳纳米管是一类拥有特殊结构的一维材料。它是一种特殊的管状结构的碳分子，像由石墨烯片卷曲而成（图4.27），其中每个原子都是 sp^2 杂化的，它们之间通过C—C键结合起来，构成以六边形蜂窝结构为骨架的碳基材料。碳纳米管具有非常大的比表面积，而且它本身拥有大量的微孔，其储氢量也非常大，是许多传统的储氢材料无法比拟的。

从微观结构上来看，碳纳米管由单层或多层同轴中空管状石墨烯构成，可以简单地分为单壁碳纳米管、多壁碳纳米管（图4.28）以及由单壁碳纳米管束形成的复合管，管直径通常为纳米级，长度为微米级到毫米级。氢气在碳纳米管中的吸附储存机理比较复杂，根据吸附过程中吸附质与吸附剂分子之间相互

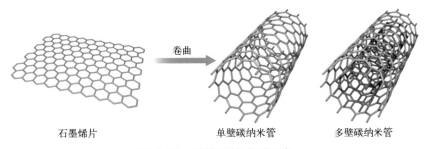

图 4.27 碳纳米管成型示意

石墨烯片　　　　　　单壁碳纳米管　　　　　　多壁碳纳米管

作用的区别，以及吸附质状态的变化，可分为物理吸附和化学吸附。物理吸附表现为氢分子和碳原子之间是通过分子间的作用力结合在一起的，而化学吸附主要考虑吸附过程中所发生的纳米管的电子态的变化和量子效应。目前用计算机模拟则认为碳纳米管储氢主要是靠物理吸附，同时也伴随有化学吸附。

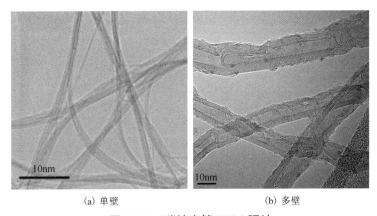

(a) 单壁　　　　　　　　　　(b) 多壁

图 4.28 碳纳米管 TEM 照片

（4）富勒烯储氢

富勒烯是指除金刚石、石墨之外的碳的第三种同素异形体，它不同于无限个原子组成的金刚石和石墨，富勒烯不是原子束，而是确定数目的碳原子组成的聚合体。富勒烯中以 C_{60} 最为稳定，其簇状结构酷似足球，根据 C_{60} 分子的球形中空结构可以推断，它应具有芳香性，能够进行一般的稠环芳烃所进行的反应，如能够发生烷基化、还原生成氢化物等。氢可以化学键合到 C_{60} 和 C_{70} 等富勒烯上，其中 C_{60} 中可以包含 29 个 H_2，其质量储氢密度高达 7.5%。与简单的活性炭不同的是 C_{60} 碳原子与氢原子形成相当强的共价键，ΔH 为 285kJ/mol，这意味着要打破这种键释放出氢气，需要 400℃以上的温度，图 4.29 所示为利用从头算分子动力学算法模拟含有 29 个氢分子的 C_{60} 在不同时间氢分子逃逸的状态。

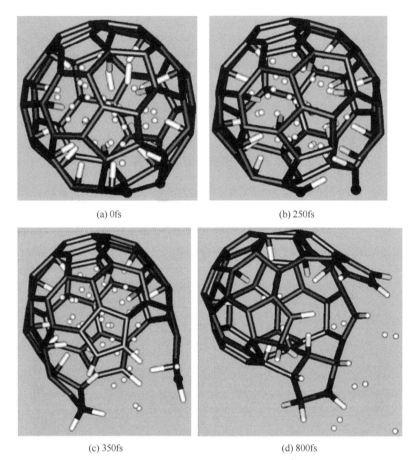

(a) 0fs　　　　　　　　　　　　　　　(b) 250fs

(c) 350fs　　　　　　　　　　　　　　(d) 800fs

图 4.29　利用从头算分子动力学算法模拟含有 29 个氢分子的 C$_{60}$ 在不同时间氢分子逃逸的状态

经过金属原子修饰的富勒烯作为新型储氢纳米材料，是目前研究较热的国际前沿课题之一。研究发现，Ca$_{32}$C$_{60}$ 可吸附 62 个 H$_2$，对 H$_2$ 的平均吸附能为 0.4eV；Li$_{12}$C$_{60}$ 中每个 Li 原子能够吸附 5 个 H$_2$；而 Ti$_6$C$_{48}$ 体系的质量储氢密度为 7.7%，远高于美国能源部提出的到 2017 年储氢材料的质量储氢密度达到 5.5% 的目标。因此，有望开发成新型纳米储氢材料。

（5）活性碳纤维储氢

活性碳纤维是在碳纤维技术和活性炭技术相结合的基础上发展起来的一种具有丰富发达孔隙结构的功能型碳纤维。与活性炭相比，活性碳纤维具有优异的结构特性，不但比表面积大，微孔结构丰富，孔径分布窄，而且微孔直接开孔于纤维的表面，因而比活性炭具有更加优良的吸附性能和吸附力学行为。此外活性碳纤维还具有比铝轻、比钢强、比发丝细等特征。目前，关于活性碳纤维储氢的研究报道不是很多，作为一种具有独特结构的性能优良的吸附材料，其储氢性能值得深入研究。

4.3.5 有机液体氢化物储氢

利用有机液体作为储氢载体的设想早在 1975 年就被提出，开辟了有机液体氢化物储氢技术研究领域，并逐渐得到世界各国科学工作者的重视，有机液体氢化物储氢是借助某些不饱和的烯烃、炔烃或芳烃等储氢载体与氢气的一对可逆反应（加氢反应和脱氢反应）来实现的。加氢反应实现氢的储存（化学键合），脱氢反应实现氢的释放。

有机液体氢化物储氢系统的工作原理如下。首先，作为储氢载体的有机液体通过催化加氢反应实现氢能的储存；然后，不需要特殊设备即可实现有机液体氢化物的储存和运输，将其储存备用或输送到目的地；最后，在脱氢反应装置中（膜反应器）发生催化脱氢反应，将储存的氢气释放出来。脱氢反应完的储氢载体可再次实现催化加氢过程，从而使有机液体储氢载体达到循环使用的目的。

常用的有机液体是苯和甲苯。理论上而言，不饱和的烯烃、炔烃或芳烃等均可作为储氢材料，但从原料的储氢量和反应的可逆性等方面考虑，芳烃特别是单环芳烃最适合作为储氢材料。虽然十氢化萘的理论质量储氢密度最大，但十氢化萘在常温下为固态，因此不适于在此体系中应用。而苯（理论质量储氢密度为 7.2%）和甲苯（理论质量储氢密度为 6.2%）也具有较强的储氢能力，是比较理想的储氢材料。它们的氢化产物环己烷和甲基环己烷在常温和常压下均呈液态，且其脱氢过程可逆，因此苯和甲苯是比较理想的有机液体储氢载体。

有机液体氢化物储氢技术相比于其他的储氢方法，如压缩储氢、液化储氢、金属氢化物储氢等，具有以下明显的优点。

❶ 储氢量大、储氢密度高。苯和甲苯的理论质量储氢密度分别为 7.2% 和 6.2%，比传统压缩储氢和金属氢化物储氢的储氢量要高，接近美国能源部对储氢系统的要求。

❷ 循环系统热效率较高。加氢过程为放热反应，脱氢过程为吸热反应，加氢反应中释放出的热量可以回收作为脱氢反应中所需的热量，从而有效地减少热量损失，使整个循环系统的热效率提高。

❸ 储氢载体环己烷和甲基环己烷在常温下呈液态，在储存和运输时对设备的要求不高，可以方便地利用现有的设备进行储存，适合于长距离氢能的输

送。另外原料对设备要求也不高，维护安全且方便，可以直接用作 FCV 的燃料（图 4.30）。

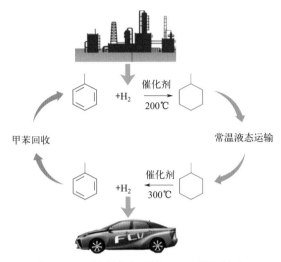

图 4.30 甲苯储氢用作 FCV 燃料构想

❹ 加氢反应和脱氢反应高度可逆，有机液体成本低廉，且可循环使用，污染小。

有机液体氢化物储氢技术虽然取得了相当大的进展，但仍然存在着明显的不足之处和有待解决的问题：催化加氢和催化脱氢装置的投资费用较大，操作比其他储氢方法复杂；低温脱氢效率较低；在有机液体脱氢催化剂中，贵金属组分起着脱氢作用，而酸性载体起着裂化和异构化的作用，会导致催化剂结焦、积炭失活。

4.3.6 其他储氢技术

（1）碳凝胶储氢

碳凝胶是一种类似于塑料的物质，具有超细孔、表面积大（约 $1000m^2/g$）、密度小（$0.02 \sim 1.2g/cm^3$）的特点，并且有一个固态的基体（图 4.31）。碳凝胶通常由间苯二酚和甲醛溶液经过缩聚作用后，在 1050℃ 的高温和稀有气体中进行超临界分离和热解而得到。这种材料具有纳米晶体结构，微孔尺寸小于 2nm，在 8.3MPa 的高压下，其质量储氢密度可达 3.7%。

（2）玻璃微球储氢

玻璃微球属于非晶态结构材料，一般是将熔融的液态合金骤冷而获得的。

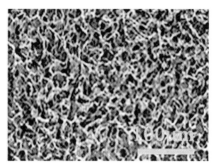

图 4.31　碳凝胶及其微观结构

用于储氢的玻璃微球的尺寸一般在 25 ～ 500μm，其中随机分布着大量的不规则孔隙，孔隙壁的厚度非常薄，甚至仅为 1μm。在 200 ～ 400℃，玻璃微球的穿透性增大，使氢气可以在一定压力的作用下进入孔隙中，等压冷却后，材料的穿透性消失，氢被有效地储存在玻璃微球内。使用时，加热玻璃微球便可释放氢气。

　　Zr 基合金玻璃态材料是一种常见的储氢材料，此材料较同组成的晶态材料储氢量大，在反复吸储和释放氢气的过程中，几乎不会出现粉化现象，体积膨胀也非常小。因此，玻璃微球储氢以其储氢量大、能耗低、安全性好等优点而成为具有发展前途的储氢新技术。

　　（3）氢浆储氢

　　氢浆是指由有机溶剂与金属储氢材料组成的固液混合物，其相对于金属储氢材料具有以下特点：氢浆可用泵直接输送，传热特性好；氢浆储氢避免了储氢合金粉化和粉末飞散问题，可降低气固分离的难度；氢气在液相中溶解和传递，再在液相和固相表面吸储或释放，易于除去整个过程的附加热，可以认为氢浆是目前解决储氢材料粉体床传热传质问题的最佳选择。由于传热传质的改善，储氢合金的利用率得到明显的提高。此外，氢浆储氢还可以改善储氢容器的气密性与润滑性。而且溶剂的存在不影响储氢材料的储氢性能，表现出很好的吸放氢速度。关于氢浆的储氢机制除了要考虑金属储氢过程，还要考虑有机溶剂能否储氢，因此，氢浆的储氢机制非常复杂。

　　（4）冰笼储氢

　　在足够高的压力和低温下，氢分子能够与水分子通过范德瓦耳斯力相互作用，形成非固定化学计量比的笼形晶体化合物，其中水分子（主体分子）借助氢键形成空间点阵结构，氢分子（客体分子）则填充在点阵中的孔穴中，氢分子就像困在"冰笼"中一样。一般在 2000atm、24℃条件下，水分子与氢分子就会形成笼形物。目前已发现三种结构类型的水合物，见表 4.5。

表 4.5　不同结构类型的水合物及其表达式

水合物结构类型	表达式
s I	$2(5^{12})6(5^{12}6^2) \cdot 46H_2O$
s II	$16(5^{12})8(5^{12}6^4) \cdot 136H_2O$
s H	$3(5^{12})2(4^35^66^3)1(5^{12}6^4) \cdot 34H_2O$

注：$5^{12}6^4$ 表示由 12 个五面体和 4 个六面体组成的空间结构，其他依此类推。

　　研究表明，纯的氢气水合物为 s II 型结构，这是由于 s II 型结构点阵中的孔穴尺寸与氢气分子或氢气团簇的尺寸比较吻合，从而能够形成稳定的水合物（图 4.32）。一个 s II 型晶胞是由 136 个水分子形成的框架结构，其中包括 16 个 5^{12} 和 8 个 $5^{12}6^4$ 构筑单元。每个 5^{12} 构筑单元中可以容纳 2 个氢分子，而每个 $5^{12}6^4$ 构筑单元中可以容纳 4 个氢分子，因此，每个 s II 型晶胞中可以容纳 64 个氢分子。

　　氢气水合物作为储氢材料，具有以下优点：储存材料是纯水；当氢气从水合物中释放出来后，作为主体的水可以重复利用，同时水资源非常丰富；水合物形成和分解时的动力学过程都非常快，冰从粉状形成水合物需要的时间可以用分钟来计算；氢气以分子的形式储存，在水合物释放氢气的过程中没有发生化学反应；吸收和释放氢气不需要苛刻的温度；一旦笼形物形成，就可以用液氮（-196℃）作为冷却剂在低压下储氢，液氮比较容易获得，而且不会污染环境。因此，冰笼储氢具有良好的发展前景。

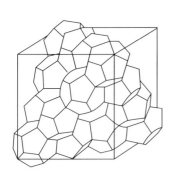

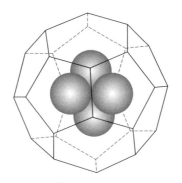

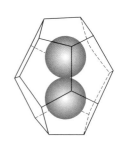

(a) 16个5^{12}和8个$5^{12}6^4$构筑单元　　(b) 1个$5^{12}6^4$构筑单元中可以容纳　　(c) 1个5^{12}构筑单元中可以
由4个氢分子组成的四面体团簇　　容纳2个氢分子

图 4.32　s II 型晶胞

（5）氨硼烷储氢

　　氨硼烷（NH_3BH_3）是一种富含氢的固体材料，含有近 20% 的氢，常温常压下能稳定存在，不易燃、不易爆，在水中具有高的溶解度。该化合物在 100℃ 或更低的温度下能释放出 13% 以上的氢，在离子液体中脱氢时，氢的释放量和释放速度可以极大地提升，而用镍基催化剂也可以极大地提高氢的释放量。若将氨硼烷改为锂氨基硼烷（$LiNH_2BH_3$），则在 91℃ 下就能释放 11% 的氢。不仅如此，这种化合物释放的氢不含来源于氨硼烷的有毒杂质硼嗪。锂氨基硼烷放氢反应接近热中性，能量上利于非现场再生，因而被美国能源部列入车载储氢系统目标达成体系。目前，氨硼烷及其衍生物作为储氢材料应用的最大技术难题在于其放氢后的再生。

（6）金属有机框架储氢

金属有机框架（MOFs）材料是由无机金属中心与有机官能团通过分子自组装构筑而成的三维多孔晶体材料。MOFs 材料是一类具有三维多孔网络结构的配位聚合物，具有较强的金属 - 配体相互作用。由于具有比表面积大、孔体积大、结构及孔道的多样性和可设计性，MOFs 材料在诸多领域都有着潜在的应用前景，是材料科学、配位化学和晶体工程领域的前沿方向。

20 世纪 90 年代中期，MOFs 材料被首次合成出来，MOFs 材料最早主要用于低温催化剂、气体识别以及离子交换等。而在气体吸附方面的应用，起初主要的研究对象为 N_2、CO_2 等无机分子和苯及其低分子衍生物等有机分子。直至 2003 年，Rosi 等报道了 MOF-5 的吸氢性能，引发了将 MOFs 材料用于储氢的研究热潮。

MOF-5 是由 Zn^{2+} 与对苯二甲基配体构成的 MOFs 化合物，其结构如图 4.33 所示。结构中每个角是一个 $[OZn_4(CO_2)_6]$ 团簇，该类八面体由以 O 为中心的 4

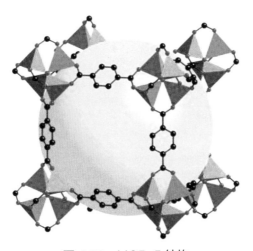

图 4.33 MOF-5 结构

个 [ZnO$_4$] 四面体和 6 个占据八面体顶点的羟基 C 原子构成，不同的类八面体通过苯环连接形成网络结构。

虽然 MOFs 材料储氢研究已有一段时间，但由于其材料的多样性和结构的复杂性，对该大类材料的储氢机理还没有定论。MOFs 材料主要通过物理吸附作用吸附氢气，储氢量主要和吸附材料的比表面积、孔尺寸和孔结构有直接的关系。此外，MOFs 结构中的金属中心与氢气分子存在较强的相互作用，尤其是具有不饱和配位的金属中心的 MOFs，MOFs 材料中不饱和配位的金属中心的存在可以增强材料与气体分子的作用力，以增加吸附热。

由此可见，影响 MOFs 材料储氢性能的因素主要有比表面积、孔体积、孔径大小、不饱和配位的中心和吸附热。在 77K 时，通常孔体积和比表面积是成比例关系的，通过控制 MOFs 的比表面积和孔体积可以改进材料的储氢性能。实验和理论计算的结果表明，在低温 77K、高氢压的条件下，MOFs 材料的储氢量与其比表面积呈一定的线性关系，如图 4.34 所示，即较大的比表面积意味着较高的储氢量。

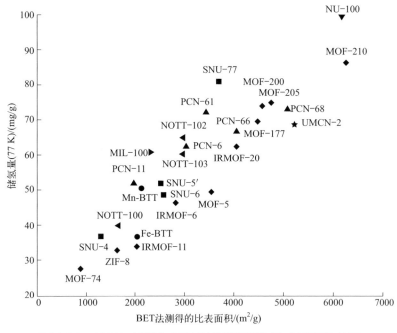

图 4.34 MOFs 材料在 77K 时的储氢量与比表面积的关系

MOFs 材料的孔径大小对储氢性能也有一定的影响。理想的吸附材料的孔径尺寸应处于微孔的孔径分布范围，即孔径尺寸小于 2nm，若想取得更为理想的储氢效果，最佳孔径要控制在 0.6 ～ 0.7nm。在这种孔径尺寸下，氢气分子与孔表面的吸附作用较强，具有高的吸附热。而吸附热作为评价多孔材料中吸附质与吸附剂之间作用力的一个重要指标，在评价 MOFs 材料的储氢性能方面起着重要的作用。由于大多数的 MOFs 材料只是通过微弱的物理吸附来实现储氢的，吸附热一般在 5 ～ 9kJ/mol，随着温度的升高，材料的储氢性能就会下降。若要实现在室温条件下有效储氢，吸附热需要达到 15kJ/mol。目前提高 MOFs 材料的氢气吸附热的方法除了引入不饱和配位的金属中心，还可以通过在孔道中引入金属离子和掺杂氢溢流的催化剂来实现。目前，MOFs 材料储氢研究主要围绕在保证储氢量的同时，增强材料对氢气的吸附作用，进一步提高工作温度。

（7）共价有机骨架储氢

共价有机骨架（COFs）材料是近年来合成的一种新型的骨架结构材料，是由有机配体和 B—O 团簇通过强共价键组装而成的配位聚合物，仅含有 B、O、C 和 H 等轻元素。如图 4.35 所示，COFs 材料主要包括含硼类、亚胺类、三嗪

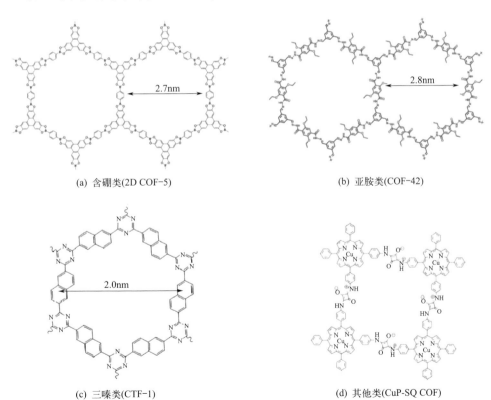

(a) 含硼类(2D COF-5)　　　　　　　　　　(b) 亚胺类(COF-42)

(c) 三嗪类(CTF-1)　　　　　　　　　　(d) 其他类(CuP-SQ COF)

图 4.35　不同类型 COFs 团簇模型

类和其他类材料。COFs 材料具有孔隙率和表面积较大，晶体密度小，且可根据调控有机配体改变孔道结构和化学特性，热稳定性好等特性。

COFs 材料由于有极低的密度，因此在储氢方面对其进行了大量的研究。理论研究表明 COF-105 在 77K、80bar❶ 的条件下可以达到 10%（质量储氢密度）的储氢量，远大于经典的 MOF-177（7.0%）。COF-102 在 77K、80bar 的条件下最大储氢量达到 $40.4kg/m^3$（体积储氢密度），接近了美国 DOE 的 $45kg/m^3$ 目标。Yaghi 等人进行了氢气、甲烷和二氧化碳的吸附实验研究，如图 4.36 所示。结果表明，适中孔径的 COFs 材料具有优异的氢气储存能力，在 77K、85bar 的条件下，COF-102 和 COF-103 的质量储氢密度分别为 7.2% 和 7.0%。这样的储氢量可比肩性能最好的 MOFs 材料和其他多孔材料，表明 COFs 材料是非常有潜力的储氢材料。

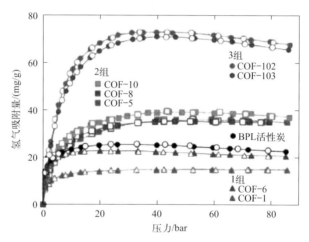

图 4.36　77K、85bar 的条件下测得的 COFs 的 H_2 等温吸附线

（1bar=10^5Pa）

规模储氢技术是燃料电池走向实用化、规模化的关键。目前亟待解决的关键问题是提高储氢密度、储氢安全性和降低储氢成本。尽管几种常用的储氢技术目前都取得了很大进步，但是离大规模商业化应用还有一定的差距。开展规模储氢技术的研究，解决相关的技术瓶颈问题，对于促进燃料电池技术的发展和氢能源的应用将具有十分重要的意义。

❶ 1bar=10^5Pa。

4.4 氢气加注站

　　新能源汽车是解决目前汽、柴油汽车严重的排放污染问题和缓解环境与资源问题的必然选择，也是汽车产业的发展趋势。清洁的燃料电池汽车必将会在未来新能源汽车的发展和应用中占有重要的地位。然而，在将燃料电池汽车完全推向市场化的进程中，除了要克服小型高效燃料电池发动机和车载储氢瓶设计的技术难题，其相应的配套基础设施——氢气加注站（也称加氢站）的建设和分布规划也是不容忽视的重大问题。

　　近年来，PEMFC 电堆和发动机的研制方面取得了很大的进展，不仅燃料电池的功率密度有了很大的提高，而且铂催化剂的用量也极大地降低了，同时水热管理也得到了很大的优化。此外，耐压 70MPa 以上的轻质复合材料储氢瓶的成功商业化，使氢气加注站的建设更加迫切。

4.4.1 氢气加注站的组成与工作原理

　　氢气加注站是指储存氢气和加注氢气的站点，其主要用途是为燃氢汽车补充氢气。一个典型的加氢站与压缩天然气加气站相似，由制氢系统、压缩系统、储存系统、加注系统和控制系统等部分组成，如图 4.37 所示。根据供氢方式不同，加氢站各系统的设备组成及配置可能有所不同，但大致相仿。当氢气从站外运达或站内制取纯化后，通过氢气压缩系统压缩至一定压力，加压后的

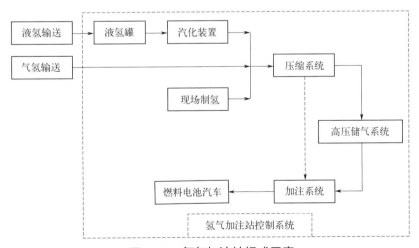

图 4.37　氢气加注站组成示意

氢气储存在固定式高压容器中，当需要加注氢气时，氢气在加氢站固定容器与储氢容器之间高压差的作用下，通过加注系统快速充装至车载储氢容器内。

（1）制氢系统

加氢站氢气的来源有两种：一种是集中制氢，再通过拖车、管道等方式输送到加氢站；另一种是在加氢站内直接制氢。制氢的方法很多，既可通过化学方法对化合物进行重整、分解、光解或水解等方式制氢，也可通过电解水制氢或利用产氢微生物进行发酵或光合作用制氢。工业制氢的方法主要有化石燃料催化重整制氢和水电解制氢等。目前，这些制氢技术已基本成熟，而生物制氢、太阳能制氢、金属制氢等新型制氢技术也将成为一种潜在的制氢途径。

（2）压缩系统

为了使氢燃料电池汽车一次充氢续航里程达到400公里以上，结合车载储氢系统的容积要求，比较理想的车载氢气储存压力为40～75MPa。有两种方法将氢气压缩至车载容器所需的压力：一种方法是先用氢气压缩机把氢气升压后储存在站内高压储罐内，为充分利用储氢瓶中所储存的氢气，加注时按瓶中压力的不同将储氢瓶分为低、中、高压三种瓶组，在加注机压力逻辑控制器的作用下，依次进行加注（图4.38）；另一种方法是先将氢气压缩至较低的压力

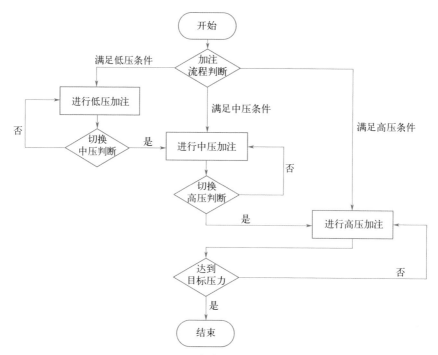

图 4.38　氢气分级加注流程

（如 25MPa）储存起来，加注时，先用此气体部分充压，然后启动增压机，使车载容器达到规定的压力。

加氢站用的氢气压缩机为高纯无油氢气压缩机，是将氢气压缩注入储气系统的核心装置，其输出压力和气体封闭性能是最重要的性能指标。从全球范围来看，各种类型的压缩机都有使用。高纯无油氢气压缩机主要分为隔膜压缩机和增压压缩机。隔膜压缩机（图 4.39）是一种特殊结构的容积式压缩机，气缸内有一组膜片，缸盖和膜片之间所包含的空间构成气体压缩室，膜片的另一侧为油压室。国内外应用的隔膜压缩机很多，但是提供的压力达 45MPa 以上的不多。高纯无油增压压缩机也称液压驱动无油氢气往复活塞压缩机，标准设计产品的最高排气压力可达 100MPa。林德公司的 TWIN IC90 离子压缩机采用离子液技术对氢气进行 5 级压缩，排气压力为 45～90 MPa，最高可达 100MPa（图 4.40）。

（3）储存系统

氢气的储存方法很多，目前用于加氢站的主要有三种：高压气态储存、液氢储存和金属氢化物储存。部分加氢站采用多种方式储存氢气，如同时采用高压气态储存和液氢储存方式，这多见于同时加注高压氢气和液氢的加氢站。采用金属氢化物储存的加氢站主要位于日本，这些加氢站同时也将高压气态储存作为辅助方式。高压气态储存期限不受限制，不存在蒸发现象，氢气的压缩压力为 20～35MPa，是加氢站内氢气储存的主要方式。

图 4.39　隔膜压缩机

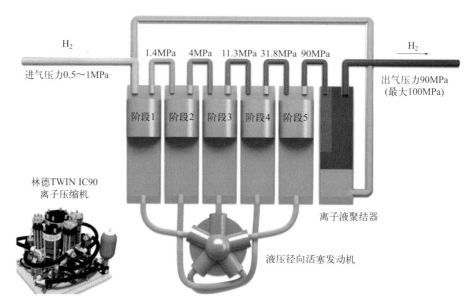

图 4.40　林德 TWIN IC90 离子压缩机工作原理

（4）加注系统

氢气加注系统是一个相对独立的装置，与压缩天然气加气站加注系统的原理是一样的。但是其操作压力更大，安全性要求也更高。加注系统主要包括高压管路、阀门、加注枪、计量系统、计价系统等。加注枪上要安装压力传感器、温度传感器，同时还应具有过压保护、环境温度补偿、软管断裂保护及优先顺序加气控制等功能。当一台加氢机为两种不同储氢压力的燃料电池汽车加氢时，还必须使用不可互换的独立喷嘴。如图 4.41 所示，加氢机目前主要有35MPa 与 70MPa 两种加注压力。德国林德、美国空气化工公司、日本岩谷和龙野等企业生产的加氢机安全性与可靠性均较高，并已实现量产。

为了易于为公众所接受，目前大多氢气加注机的外观设计与传统的汽、柴油加注机相仿。氢气加注机与被加注车辆之间的连接包括加注枪、通信电缆和防静电接地线。在对车辆进行加注时，按连接接地线、接通通信电缆、插入并锁死加注枪的顺序进行加注机和加注车辆之间的连接，连接后打开加注枪上的加注开关即可开始加注。当加注完成后，按上述的相反顺序断开车辆和加注机。为防止加注过程中车辆移动对加注机和用氢安全造成危害，在加注枪软管和加注机的连接处设有拉断阀。

为保障氢气加注过程的安全，国际标准 ISO/TS 15869 和美国汽车工程学会标准 SAE J2601 均对车载高压储氢系统定义了不超温与不超压的双重安全加注

图 4.41 带有两种加注压力喷嘴的加氢机

边界要求。SAE J2601 轻型燃料电池汽车的氢气加注协议是当前全球通用的氢气加注协议，目前市场上出售的 70MPa 氢气加注机都满足 SAE J2601 加注协议的标准。

（5）控制系统

控制系统是加氢站的神经中枢，指挥着整个加氢站的运作，对于保证加氢站的正常运行非常重要，必须具有全方位的实时监控能力。加氢站的控制系统将现场设备（包括压缩系统、储存系统、加注系统等）的各种实时数据（如压力、温度、差压、气体浓度、流量、售气量、售气金额等）传送到后台工控机进行流量计算和数据保存，并经管理信息系统处理后实现实时显示、数据查询、数据保存、售气累计、报表打印、自动报警、自动加载、故障停机等。

（6）安全系统

氢气属易燃易爆气体，且在加氢站中以高压形式储存，故存在爆炸危险区域（图 4.42）。因此，加氢站的用氢安全就显得极为重要，都会设有安全系统。

加氢站的安全系统应该包括消防给水系统和足够的灭火器材。若加氢站同周边建筑物之间的距离无法满足当地消防安全规定中所要求的安全距离，则需要在加氢站主要设备周围设置防火墙。加氢站氢气进气总管上要设紧急切断阀，而且手动紧急切断阀的位置应便于发生事故时及时切断氢气源。

加氢站内固定车位停放的氢气长罐拖车要有安全保护措施。储罐或储氢瓶

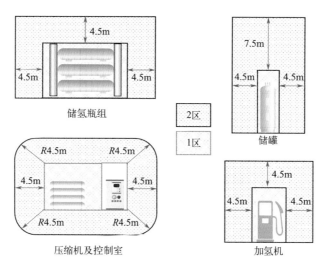

储氢瓶组

2区

1区

储罐

压缩机及控制室

加氢机

图 4.42　加氢站爆炸危险区域的划分

1 区—正常运行时可能出现爆炸性气体混合物的环境；2 区—正常运行时不可能出现爆炸性气体混合物的环境，或即使出现也仅是短时存在的爆炸性气体混合物的环境

组与加注枪之间应设置切断阀、吹扫放空装置等。储罐或储氢瓶组应设置与加注机相匹配的加氢过程自动控制的测试点、控制阀门、附件等。

此外，在加氢站的主要设备上都要设有紧急制动开关，一旦加氢站出现紧急情况，操作人员不需要对所有设备进行单独操作，只需要按动这些开关，即可迅速地发出警报，关闭加氢站，并启动安全保护装置。

加氢站的安全至关重要，对此我国专门制定了国家标准 GB 50516—2010《加氢站技术规范》，对氢气加注站的安全提出了明确的要求。

4.4.2　全球氢气加注站的发展概况

氢气加注站的建设始于 20 世纪 90 年代的欧美和日本等发达国家。1999年 5 月，世界上首座应用于氢能汽车的氢气加注站在德国慕尼黑国际机场建成。随着燃料电池汽车的发展，这些发达国家对氢气加注站的投入和建设速度有所加快，并于 2003 年 11 月成立了国际氢能经济伙伴计划（International Partnership for the Hydrogen Economy，IPHE）的政府间国际组织，以推动氢气加注站的建设。

2014 年，丰田 Mirai 氢燃料电池汽车上市，随后，各大汽车生产商都推出了燃料电池汽车商业化的时间表。然而，氢燃料电池汽车应用的最大障碍是缺乏氢气加注站。建造氢气加注站是氢燃料电池汽车发展的关键，目前以日本、美国、德国等为代表的国家都已经启动大规模加氢基础设施建设计划,并在加速建造加氢站,以期逐步实现加氢站的网络化。

如图 4.43 所示,截至 2022 年底,全球共有使用中的氢气加注站 814 座,亚洲就有 363 座。其中,有近一半的氢气加注站具备 70MPa 加氢能力,百分之六十以上的是公共氢气加注站。自 2016 年以来,我国氢气加注站数量快速增长,但整体上加氢压力仍以 35MPa 为主,几乎都被用来为公共汽车或卡车车队加氢。

图 4.43　历年全球加氢站数据统计

4.5　氢能技术发展对燃料电池汽车的影响

由于体积能量密度极低且液化困难,氢能供应链成本远高于石油及天然气等传统燃料。如图 4.44 所示,氢能供应链主要包括上游制氢、中游储运和下游应用等环节。对应环节的技术发展直接影响燃料电池汽车大规模的市场化。

4.5.1　制氢技术

目前制氢技术路线按原料来源主要分为化石原料制氢、化工原料制氢、工业尾气制氢和电解水制氢几种。

常规的制氢技术路线中以传统化石能源制氢为主,全球范围内主要是使用天然气制氢,我国由于煤炭资源比较丰富,因此主要使用煤制氢技术路线,占全国制氢技术的 60% 以上。

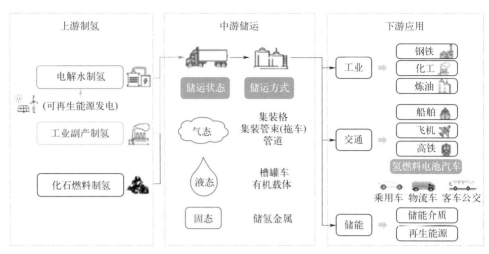

图 4.44　氢能供应链示意

制氢路线上将由化石能源制氢逐步过渡至可再生能源制氢。大规模低成本是关键，路线由"灰氢"向"绿氢"发展（图 4.45）。未来"可再生能源 + 水电解制氢"有望成为大规模制氢发展趋势。2021 年 12 月，由海马汽车公司与中国航天科技集团合作建设的光伏制氢及高压加氢一体站正式落成（图 4.46），该站采用光伏发电结合电解水制氢，实现了"绿氢"。

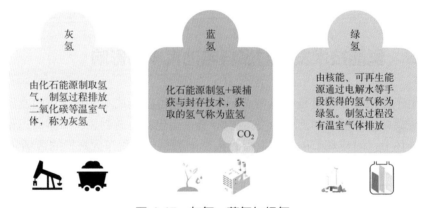

图 4.45　灰氢、蓝氢与绿氢

4.5.2　储运技术

从氢能供应链看，供应端和使用端的技术难度已非不可逾越，各类制氢技术发展成熟及成本不断下降，氢燃料电池的寿命和成本也已不再是瓶颈，

图 4.46　光伏制氢及高压加氢一体站

发展路线也较为明朗，但储运技术的革新和突破始终是无法绕过去的中间核心环节。

目前，氢气的主要运输方式包括高压气态运输、低温液态运输、管道运输以及固态金属运输等，前三种随着技术不断成熟在国内外不同的领域已经有了不同规模的应用，其他方式应用目前技术方面尚不成熟。选择何种运输方式需综合考虑氢气的运输量、运输里程、运输过程的能量转化效率和损耗。在用量小、用户分散的情况下，氢气通常通过储氢容器装在车、船等运输工具上进行输送，用量大时一般采用管道输送，或通过车、船等运输液氢。

高压气态运输分为长管拖车运输和管束式集装箱运输两种，以长管拖车为主，辅以气瓶集装格补充。长管拖车储存空间由多个长约 10m、压力为 20 ～ 50MPa 的高压储氢瓶组成（图 4.47）。管束式集装箱由体积为 40L、压力为 15MPa 左右的高压储氢瓶组成。高压气态运输有明显的缺点：体积利用率低，储氢量少，即使是供航天领域使用的钛瓶，其储氢量也仅为瓶重的 5% 左右。因此，这种方式仅适用于短距离、小需求量加氢站的氢气运输。高压气态运输成本随距离增加大幅上升，人工费与燃油费是推动成本上升的主要因素。长管拖车的一个重要发展趋势是进一步提升工作压力，现在国内最高是 30MPa，国外最高已经超过 50MPa。另外，从钢制容器发展到复合材料的Ⅲ型、Ⅳ型瓶，进一步减轻了重量，提高了运输效率。

由于液态氢的能量密度远高于气态氢，因此更适合长距离输送大量氢气。液态氢运输使用槽罐，如图 4.48 所示。其单车运氢能力是气态氢的 10 倍以上。值得注意的是，氢气液化过程中耗能较多，可能会达到所运氢能的 30%。液态氢运输温度需要保持在 −253℃左右，与环境温度之间存在较大的温差，因此对槽罐所用材料有很高的要求。美国大多数加氢站采用此方式进行加氢运输。

图 4.47　长管拖车高压气态运输

如图 4.49 所示，管道输送氢气是实现氢气大规模、长距离、点对点运输的一种重要方式。然而，与前两种方式相比，虽然管道运输是一种有效降低运输成本的潜在方案，但却需要大量的前期建设成本，在氢能行业和燃料电池产业成熟之前有较大的投资风险，且在技术和安全问题上也值得重视。由于氢气自身体积能量密度小和其容易使管材产生"氢脆"，对管材要求较高。在管道运输方面的成本往往远高于同能量流率下的天然气管道运输。根据相关数据显示，在美国氢气管道的造价大约是天然气管道造价的 2 倍。全球范围内氢气的输送管道已经超过 4600 公里，其中数量最多的国家是美国，总里程已经达到 2700 公里，最高运行压力达到 10.3MPa，主要位于墨西哥湾的沿岸（有 1000 公里左右的管线）。

图 4.48　液态氢槽罐运输

图 4.49　管道输送氢气

4.5.3　加氢技术

　　产业发展基础设施先行，加氢站作为燃料电池汽车产业重要的基础设施，是氢能产业上游制氢和下游用户的联系枢纽，其布局和建设是燃料电池汽车商业化发展的突破口。若不能形成一定规模，后续很难支撑氢燃料电池汽车的普及应用。

　　经济难题是目前各国实施建设计划所面临的主要障碍。加氢站建设的设备投入巨大，根据日本新能源产业技术综合开发机构（NEDO）发布的数据（图4.50），加氢站建设费用中，储压器、冷却机、管道及气液传输装置的占比高达63%。加上土木工程和设备调试安装等费用，一座加氢站的建设成本为普通加油站的5～6倍。目前，我国建设一个日均加氢量500kg的35MPa固定式加氢站的建设成本约1200万元。

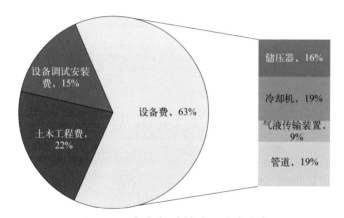

图 4.50　氢气加注站建设成本分布

　　虽然我国各地纷纷出台政策加快氢气加注站的布局和加大对氢气加注站建设开发的补贴力度，但与发达国家和地区相比，我国氢气加注站不仅数量较少，而且加注压力等级低，以35MPa为主。主要是由于核心设备及零部件较大程度依赖进口，压缩机、加注枪等装备整机的制造精度和性能稳定性仍落后于国际先进水平。目前，占据国际主流地位的70MPa氢气加注站及其关键设备领域，我国仍处于示范验证阶段。因此，要加快核心技术和核心零部件的研发和国产化步伐，从根本上降低加氢站的建设成本。

第 **5** 章

燃料电池汽车应用评价与发展前景

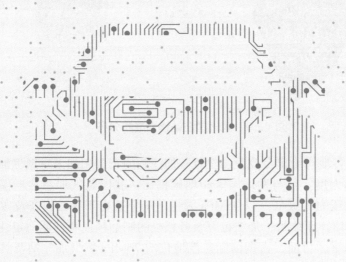

5.1 燃料电池汽车零部件与子系统标准

环境和能源已经成为全球共同关心的问题，发展燃料电池汽车作为能源结构调整的重要举措，是未来能源技术的重要方向。标准、法规用于规范燃料电池行业，已引起社会各界的重视，也为燃料电池的推广应用奠定了基础。

5.1.1 国际燃料电池相关标准发展情况

自从丰田第一款氢燃料电池汽车 Mirai 发布以来，不同厂商研发和生产的多种氢燃料电池车型相继问世，掀起了发展氢燃料电池汽车的热潮，各国也纷纷出台相关政策、法规鼓励燃料电池行业的发展。国际上现已形成比较完备的标准体系，以规范和引领产业的发展。

目前，国际上燃料电池相关标准主要由国际标准化组织（International Organization for Standardization，ISO）和国际电工委员会（International Electrotechnical Commission，IEC）两大组织制定。如表 5.1 所示，两个组织虽然分工不同，但协调合作，共同为燃料电池标准体系完善而努力。

表 5.1 国际上燃料电池相关标准制定组织统计

组织名称	编号	分工
国际电工委员会燃料电池技术委员会	IEC/TC 105	负责燃料电池的术语、性能、通用要求和试验方法等领域的标准化工作
国际标准化组织 / 道路车辆技术委员会	ISO/TC 22	负责燃料电池电动汽车相关标准化工作
国际氢能技术委员会	ISO/TC 197	负责氢能生产、储运、利用等领域的标准化工作

为了规范本国燃料电池行业发展，一些国家和经济体纷纷成立自己的标准化组织，完善标准体系。主要包括美国汽车工程师学会（SAE）的燃料电池汽车标准委员会、日本汽车研究所的日本电动汽车协会（JARI/JEVA）以及欧盟的欧洲标准化委员会的电驱动道路车辆技术委员会（CEN/TC301）、欧洲电工标准化委员会的电动车辆电气系统委员会（CENELEC/TC69X）和联合国欧洲经济委员会（UNECE）。国际燃料电池标准体系目前已经覆盖系统性能、安全性、可靠性三大层面。在燃料电池系统性能方面，标准 SAE J2615《汽车用燃料电

池系统性能测试》对燃料电池系统的启动特性、额定功率、峰值功率、动态响应特性和稳态特性试验进行了明确规定。在燃料电池安全性方面，标准 GTR13《氢和燃料电池车辆全球技术法规》对安全性进行了全面的约束，确保燃料电池汽车安全性等级与传统汽车相当。在可靠性方面，标准 IEC 62282-2:2012《燃料电池技术 - 第 2 部分：燃料电池模块》对不同环境条件与不同运行条件对燃料电池安全性的影响进行考核，适用于碱性燃料电池、聚合物电解质燃料电池和固体氧化物燃料电池等。

5.1.2 国内燃料电池相关标准发展情况

早在 2002 年，我国便开始了燃料电池相关标准的制定。燃料电池涉及的产业链较长，相关的标准化技术委员会也较多，但是鉴于燃料电池技术此前一直处于研发阶段，真正制定燃料电池相关标准的技术委员会并不多，主要是与燃料电池直接相关的标准化技术委员会，如表 5.2 所示，包括全国燃料电池及液流电池标准化技术委员会（SAC/TC342）、全国氢能标准化技术委员会（SAC/TC309）、全国汽车标准化技术委员会电动车辆分技术委员会（SAC/TC114/SC27）、全国气瓶标准化技术委员会车用高压燃料气瓶分技术委员会（SAC/TC31/SC8）。在全国标准化技术委员会的统一领导下，各个标委会协同合作，共同推进产业发展。随着燃料电池产业的不断发展，截至 2022 年底，我国已发布了一百五十余项燃料电池产业相关的国家及行业标准，其中涉及氢能与基础设施、燃料电池汽车整车和电堆等方面。

表 5.2 我国燃料电池相关标准制定组织统计

组织名称	编号	分工
全国燃料电池及液流电池标准化技术委员会	SAC/TC342	负责制定除了车用以外的燃料电池标准
全国氢能标准化技术委员会	SAC/TC309	负责与氢能相关的标准的制定，包括制氢、运氢、加氢站等
全国汽车标准化技术委员会电动车辆分技术委员会	SAC/TC114/SC27	负责制定车用燃料电池的标准，包括燃料电池汽车相关的强制检测标准
全国气瓶标准化技术委员会车用高压燃料气瓶分技术委员会	SAC/TC31/SC8	负责制定气瓶的标准

我国燃料电池汽车及相关技术标准制定工作已经取得很大进展，形成一系列标准，部分已经走在了国际标准体系的前列，但与部分发达国家完善的标准

相比，我国标准体系建设仍存在不足。因此，工信部（中华人民共和国工业和信息化部）在 2018 年 3 月发布的《2018 年新能源汽车标准化工作要点》中指出，新能源汽车的标准体系制定的三个要点是：其一，开展重点标准研究，优化体系建设，包括基础通用领域、整车领域、关键系统部件领域、充电基础设施领域以及标准体系优化改善；其二，加强国际交流协调，推动中国标准国际化；其三，强化组织保障，积极发挥行业力量，加快建立完善的燃料电池汽车标准体系，促进燃料电池汽车产业快速高效发展。

5.2 燃料电池汽车整车测评

随着燃料电池汽车的发展与推广，包括我国在内的很多国家制定了安全方面的法规、标准，用于规范燃料电池汽车行业。为更好地促进我国燃料电池汽车行业的发展，必须做好相关法规、标准的研究分析，做好测试评价。

5.2.1 燃料电池堆

作为燃料电池汽车产业技术的核心，燃料电池堆也要经过充分的测试验证，才能实现燃料电池技术的商业化。燃料电池堆的测试验证可以大致分为四类：安全类测试、性能类测试、可靠性和环境适应性类测试以及寿命耐久类测试。

安全类测试指涉及使用安全的测试，特别是氢安全和电安全。测试项目主要包含电堆模块外观、电气和机械检查，气密性测试，绝缘测试，氢泄漏测试等。安全类测试是在燃料电池堆使用前必须测试的项目，同时，在使用过程中和使用后也要进行测试确认。

性能类测试主要是对燃料电池堆各项性能指标进行测试。测试项目主要包含活化测试、极化曲线性能测试、气体压力敏感性测试、气体流量敏感性测试、温度敏感性测试、湿度敏感性测试、组装力敏感性测试、许可工作压力测试、压差测试、一致性工况测试、水热状态测试、怠速功率长时间稳定运行测试（图 5.1）、峰值功率长时间稳定运行测试、离子释放速率测试和电磁兼容测试等，其目的主要是在燃料电池堆设计完成后对其设计目标进行充分验证。

可靠性和环境适应性类测试主要是对燃料电池堆各项可靠性和环境适应性设计目标及产品指标进行测试，体现其抵抗严酷外部环境的能力。测试项目主

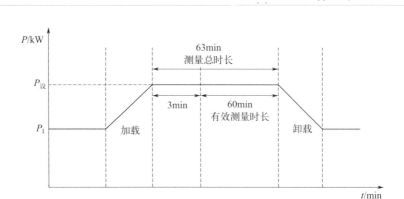

图 5.1　额定功率测量过程示意

$P_设$—设定的加载功率; P_1—怠速功率或最低功率

要包含高温试验、低温试验、-30℃冷启动测试、温度变化试验、恒定湿热试验、交变湿热试验、空气中热冲击试验、喷水后热冲击试验、低气压试验、防护等级试验(图5.2)、浸渍试验、喷热水试验、振动试验、冲击试验、自由跌落试验、碎石撞击试验、锤击试验、倾跌与翻倒试验、盐雾试验、太阳辐射试验、长霉试验、化学试剂耐抗性试验、抗有害气体试验等，主要是因为燃料电池堆在使用过程中会长期受严酷的外在环境和气候的影响，导致性能衰减以致失效，或影响其寿命。模拟环境试验的验证方法可以充分认识到燃料电池堆在各种严酷环境和气候下的表现，对其性能优化起到重要作用。

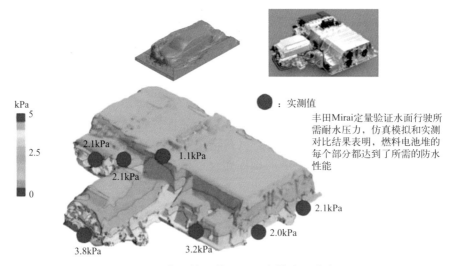

图 5.2　丰田第一代 Mirai 电堆水压分布

(模拟与实测对比)

寿命耐久类测试主要指各种评估燃料电池堆使用寿命的测试。测试项目主要包含常规寿命测试、加速寿命测试、耐污染大气寿命测试。主要是认识燃料电池堆工作的寿命特征、失效规律等。常规寿命测试可评价燃料电池堆的使用寿命，长寿命是燃料电池商业化的必要条件之一，因此，合理评估燃料电池堆的使用寿命是势在必行的。

此外要特别指出的是，绝缘测试是燃料电池堆安全使用的最基本要求。随着燃料电池堆的集成度提高，绝缘间隙和爬电距离过小等导致在特殊情况下容易出现绝缘问题。燃料电池堆绝缘易受环境温度、环境湿度、气体成分以及模块状态的影响，所以绝缘测试必须贯穿燃料电池堆测试的全过程。

《燃料电池发动机性能试验方法》（GB/T 24554—2022）给出了燃料电池发动机质量测试时的系统边界（图5.3），对燃料电池堆系统功率密度、系统低温冷启动和FCV纯氢续航里程的测试方法进行了明确规范。

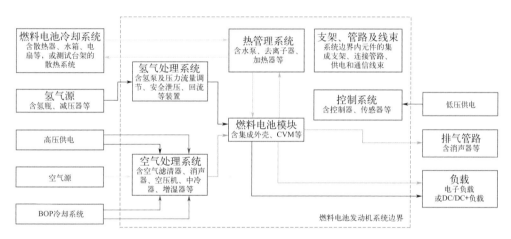

图 5.3 燃料电池发动机系统边界示意

5.2.2 燃料电池汽车

我国在2020年新能源汽车规划中，将发展燃料电池汽车作为未来的重要方向。由于氢气易燃易爆的特性以及氢气的高压储存，对燃料电池汽车的安全性要求应该更加严格。经过多年努力，我国燃料电池汽车标准化的工作已经有所成效，制定了多项国家标准，基本形成了整个燃料电池汽车的测评体系（图5.4）。根据现行的燃料电池汽车安全法规，主要的测试项目如下。

❶ 一般要求测试。燃料电池汽车除满足传统汽车、电动汽车的国家相关

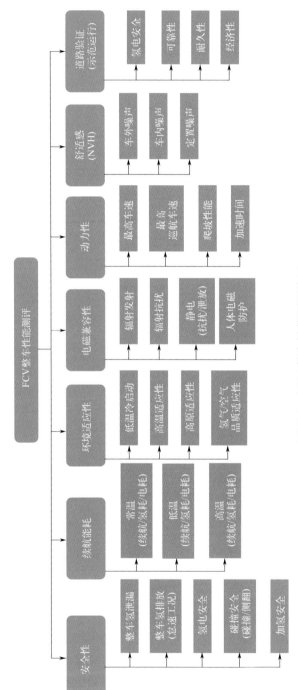

图 5.4 FCV 整车性能测评体系

标准、法规要求外，还要求在外部标有明显的标识燃料电池汽车类型的警示标识。

❷ 压缩氢气储存系统测试。要求储氢容器内装有温度传感器，显示容器内气体温度。同时要求安装过压和低压保护装置，能够及时显示内部压力，及时进行安全报警并及时切断燃料的输出。当系统发生氢气泄漏时，要求能及时关闭燃料系统氢气总开关。

❸ 加氢口测试。汽车的燃料系统通过加氢口进行燃料的加注，要求在燃料的加注口有能够防止尘土、液体和污染物等进入的保护盖，并注明燃料加注口的最大加注压力（图5.5），同时有消除静电的措施。由于加注时可能会受到意外拉伸，所以要求燃料加注口能够承受来自任意方向的670N的载荷，且气密性完好。《燃料电池电动汽车加氢口》（GB/T 26779—2021）于2021年10月1日起正式实施。

图5.5 燃料电池汽车加氢口标识

❹ 排气装置测试。当发生故障或意外事故时，燃料系统需要通风放气。排气装置应尽可能安装在汽车的高处，且应防止排出的氢气对人员造成危害，避免流向暴露的电气端子、电气开关器件或点火源等部件；要求所有压力释放装置排气时，不直接排到乘客舱和后备箱，不排向车轮所在的空间，不排向其他氢气容器；要求连接管道的材料都是熔点较高的金属材料。

❺ 氢气泄漏的检测。由于氢气具有易挥发性和较低的爆炸下限（LEL），要求汽车有与氢气浓度探测器联动的安全措施。当泄漏发生时，探测器应能及时探测到，氢气积聚浓度达到50% LEL之前，就能够利用声响报警装置或者紧急显示等方法，提示使用者注意；氢气积聚浓度达到75% LEL时，要求能够自动切断氢气源和电源。

❻ 电安全测试。现阶段燃料电池汽车的安全标准对汽车动力电路的电压级别、标识、触电防护、绝缘性等提出了具体要求。在触电防护要求中提出了防止与动力电路系统中带电部件直接接触，防止与动力系统中外露可导电部件的间接接触的规定。燃料电池汽车的每个电路和电平台及其他电路之间应保持绝缘。

此外，积极吸取国外法规、标准的优点，《燃料电池电动汽车 安全要求》（GB/T 24549—2020）完善了对关键部件如氢气传感器的灵敏度测试、整车的泄漏检测与防护以及在线绝缘监测等方面的工作，必将推动我国燃料电池汽车不断向前发展。

总之，在新一轮科技革命和产业变革中，氢能和燃料电池汽车都备受关注。氢能是多种能源传输及融合交互的纽带，是未来清洁低碳能源系统的核心之一，推动氢能产业发展，有助于节能减排和碳中和目标的实现。利用氢能与燃料电池实现能源的多元化来源以及高效、零排放，正成为全球能源转型发展的重要方向，氢能与燃料电池也是国家能源战略的重要组成部分。燃料电池汽车具有续航里程长、燃料加注时间短等突出优势，发展燃料电池汽车是全球汽车动力系统转型升级的重要方向。燃料电池汽车是构建低碳交通体系的重要组成部分，也被认为是未来汽车产业格局重构的关键变量之一。

5.3 燃料电池汽车的发展前景与挑战

在世界汽车工业界经过多种新能源汽车技术方案尝试后，燃料电池汽车表现出的卓越特性使其很可能是世界汽车的最终发展目标和新能源汽车终极解决方案。燃料电池汽车具有环保性能佳、转化效率高、加注时间短、续航里程长等优势，发展燃料电池汽车是未来汽车工业可持续化发展的重要方向，是应对全球能源短缺和环境污染问题的重要战略举措。发展燃料电池汽车已成为全球汽车与能源产业转型升级的重要突破口，也是我国未来汽车发展的一个重点。

如今，经过科研人员数十年的探索和研究，氢燃料电池汽车的技术取得了很大的进步，尤其是近几年，其商业化进程逐渐加速。如图5.6所示，2022年，燃料电池汽车在全球道路交通应用方面发展迅速，初步统计，截至2022年底，全球主要国家燃料电池汽车总保有量达到67315辆，同比增长36.3%。

新能源汽车发展正处于多种技术路线激烈竞争的阶段，因此，在燃料电池

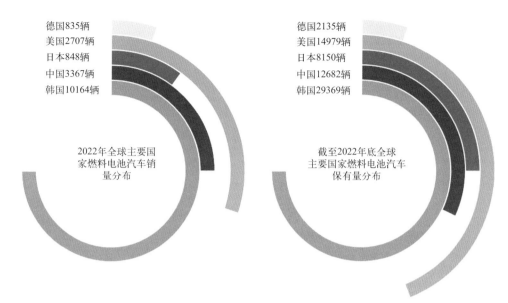

德国835辆
美国2707辆
日本848辆
中国3367辆
韩国10164辆

2022年全球主要国家燃料电池汽车销量分布

德国2135辆
美国14979辆
日本8150辆
中国12682辆
韩国29369辆

截至2022年底全球主要国家燃料电池汽车保有量分布

图 5.6 全球主要国家燃料电池汽车销量及保有量分布

汽车发展的道路上，挑战与机遇并存。目前，纯电动汽车和混合动力汽车与氢燃料电池汽车相比发展得更为成熟，燃料电池需进一步提高寿命、可靠性和效率，并降低成本。由于短期内氢气价格难以大幅下降，因此，提高效率对于提高燃料电池的竞争力十分关键。另外，燃料电池的发展也离不开整个氢能产业的发展。目前，氢能产业链配套设施的不完善，是燃料电池汽车实现大规模商业化面临的主要挑战。

作为实现氢能发展愿景的关键突破口，抓住燃料电池汽车产业发展契机是引领全球氢能产业发展的重中之重。自2014年以来，以丰田、本田和现代等汽车公司陆续推出商业化燃料电池汽车产品为标志，燃料电池汽车产业化进程加快。近年来，随着示范推广力度的持续加大，燃料电池汽车可靠性、耐久性和稳定性有了进一步提升，成本进入下降通道，全球燃料电池汽车产业市场发展正迎来新局面。

参考文献

[1] 衣宝廉. 燃料电池——原理·技术·应用 [M]. 北京: 化学工业出版社, 2003.

[2] PASQUALE CORBO, FORTUNATO MIGLIARDINI, 等. 车用氢燃料电池 [M]. 张新丰, 译. 北京: 机械工业出版社, 2019.

[3] JOHN G HAYES, G ABAS GOODARZI. 电驱动系统——混动、纯电动与燃料电池汽车的能量系统、功率电子和传动 [M]. 刘亚彬, 译. 北京: 机械工业出版社, 2021.

[4] 中国汽车工程学会. 世界氢能与燃料电池产业发展报告（2019）[M]. 北京: 机械工业出版社, 2019.

[5] 中国汽车工程学会. 世界氢能与燃料电池产业发展报告（2021）[M]. 北京: 机械工业出版社, 2021.

[6] 钱斌, 王志成. 燃料电池与燃料电池电动汽车 [M]. 2版. 北京: 科学出版社, 2021.

[7] 崔胜民. 燃料电池与燃料电池电动汽车 [M]. 北京: 化学工业出版社, 2022.

[8] 毛宗强, 毛志明. 氢气生产及热化学利用 [M]. 北京: 化学工业出版社, 2015.

[9] 朱敏. 先进储氢材料导论 [M]. 北京: 科学出版社, 2015.

[10] 吴朝玲, 李永涛, 李媛. 氢气储存和输运 [M]. 北京: 化学工业出版社, 2020.